北野利光・向後忠明・竹久友二・濱久人 [共著]

プロジェクトを成功させる

実践力が身につく本

Ohmsha

- "PMI"とPMIのロゴは，米国およびその他の国で登録されたProject Management Instituteのサービス商標（Service and Trademarks）です．
- "PMP"とPMPのロゴは，米国およびその他の国で登録されたPMI®の資格のマーク（Certification Marks）です．
- "PMBOK"は，米国およびその他の国で登録されたPMI®の商標です．PMBOK®の内容に関する記述は，PMI®に著作権があります．
- "PMR"は，特定非営利活動法人 日本プロジェクトマネジメント協会（PMAJ）の登録商標です．
- "PMAJ"は特定非営利活動法人 日本プロジェクトマネジメント協会の登録商標です．
- 本書に記載されている「ITスキル標準®」および「プロフェッショナルコミュニティ®」「iコンピテンシ ディクショナリ™」は，独立行政法人 情報処理推進機構（IPA）の登録商標です．また，社名および製品名は，それぞれの会社の商標です．なお，本文中では「™」「®」表示は省略しています．
- 本書に記載されているWebページに関する情報（URLなど）については，予告なく変更，追加，削除（閉鎖）などがされる場合があります．

本書を発行するにあたって，内容に誤りのないようできる限りの注意を払いましたが，本書の内容を適用した結果生じたこと，また，適用できなかった結果について，著者，出版社とも一切の責任を負いませんのでご了承ください．

本書は，「著作権法」によって，著作権等の権利が保護されている著作物です．本書の複製権・翻訳権・上映権・譲渡権・公衆送信権（送信可能化権を含む）は著作権者が保有しています．本書の全部または一部につき，無断で転載，写複製，電子的装置への入力等をされると，著作権等の権利侵害となる場合があります．また，代行業者等の第三者によるスキャンやデジタル化は，たとえ個人や家庭内での利用であっても著作権法上認められておりませんので，ご注意ください．

本書の無断複写は，著作権法上の制限事項を除き，禁じられています．本書の複写複製をご希望される場合は，そのつど事前に下記へ連絡して許諾を得てください．

(社)出版者著作権管理機構
(電話 03-3513-6969，FAX 03-3513-6979，e-mail：info@jcopy.or.jp)

JCOPY ＜(社)出版者著作権管理機構 委託出版物＞

発刊によせて

　2002年12月に経済産業省から「ITスキル標準（以下、ITSS）」が制定され、翌年にその活用促進等のサポート組織として、IPA内にITスキル標準センターが設立されました。

　そのITスキル標準センターのブレインとして創設されたのが「プロフェッショナル・コミュニティ」です。ITSSのITアーキテクトやプロジェクトマネジャー（以下、PM）などの職種単位に、ハイレベルなIT人材を業界団体などより選出頂き構成されました。そこでは、ライバル関係にある企業の技術者同士であっても所属企業間の垣根を越えて、プロフェッショナルとしての誇りを糧に、IT人材育成を促進する高品質な成果創出を目指したのです。

　具体的には、ITSSの改訂にとどまることなく、必要なスキル整理や育成方法／キャリアパス／メンタリング／高度人材としての活躍事例など、さまざまなガイドラインを創出しました。その発表会をIPAプロフェッショナルコミュニティフォーラムと題して2012年度まで年1回実施してきましたが毎回500人超が参集し、業界第一人者による技術動向や、人材育成に関する有能な見識に対して、参集者は高い満足を得て帰られたものです。

　このたび、本書の発刊に尽力されている皆様は、プロフェッショナル・コミュニティのひとつとして2004年に発足したPMコミュニティに属して活躍され、その後、ITスキル標準センターのブレインとしての立場を離れた後も、積極的に活動を継続されている超ベテランのプロフェッショナルです。このようにプロ意識が高く、豊富な経験と実績を持つ皆様により、マネジャーの対象分野を限定することなく普遍的な視点で実践力について記されたのが本書です。本書をお読み頂くと、プロマネ術はプロジェクトに従事するあらゆる人々に必要なものであることが、おわかりいただけるでしょう。

なお、初心の読者には「3章：事例から実践力を学ぶ」は事例中心ですので理解しやすく、ベテランの域に達しながらも更なる向上を目指す読者には、「2章：PM実践力を深く理解する」であらためて体系的な勉強ができる構成となっています。

　最後に、本書執筆陣の率先性の高い熱意に敬意を表するとともに、多くの皆様が本書をひもとかれることを期待してやみません。

2017年1月

独立行政法人　情報処理推進機構
IT人材育成本部　HRDイニシアティブセンター
センター長　秋元裕和

目次

序章　本書を読む前に

1　PM実践力とは …………… *2*
2　本書の特徴とねらい …………… *5*
3　本書とiコンピテンシディクショナリの関係 …………… *8*

1章　PM実践力の概要を知る

1.1　知識、経験、スキル、実践力の用語説明 …………… *10*
1.2　実践力と知識、スキルとの違い …………… *11*
1.3　プロジェクトマネジャーがもつべき実践力 …………… *12*
1.4　PM実践力の六つの領域 …………… *13*
1.5　実践力発揮の構造 …………… *17*
1.6　実践力開発のプロセス …………… *18*
1.7　実践力の開発方法 …………… *19*

2章　PM実践力を深く理解する

2.1 ── コミュニケーティング …………… *22*
2.1.1　コミュニケーション …………… *22*
2.1.2　ネゴシエーション …………… *28*

2.2 ── リーディング …………… *32*
2.2.1　ビジョニング …………… *32*
2.2.2　チーム活性力 …………… *36*
2.2.3　率先垂範 …………… *38*
2.2.4　動機づけ …………… *40*

2.3 ── マネージング …………… *44*
2.3.1　計画性 …………… *45*
2.3.2　モニタリングとコントロール …………… *47*

2.4 ── エフェクティブネス …………… *50*
2.4.1　コンフリクトマネジメント …………… *50*
2.4.2　関係調整力 …………… *54*

v

- 2.4.3 判断力 ……………… *56*
- **2.5 — 認知力** ……………… *59*
  - 2.5.1 全体的(戦略的)視点 ……………… *59*
  - 2.5.2 情報収集 ……………… *61*
  - 2.5.3 問題発見力 ……………… *63*
  - 2.5.4 課題解決力 ……………… *65*
- **2.6 — 自己規律** ……………… *67*
  - 2.6.1 責任感 ……………… *67*
  - 2.6.2 倫理観・誠実性 ……………… *69*
  - 2.6.3 多様性の尊重 ……………… *72*

3章　事例からPM実践力を学ぶ

事例1 ステークホルダーが対立。客観的基準と本根が言える環境づくりでクリア
(保険会社のWEBシステムの要求定義) ……………… *80*
1. 背景と状況 ……………… *80*
2. プロジェクトの推移(①実践力を十分に発揮できなかったケース) ……………… *82*
3. プロジェクトの推移(②卓越した実践力を発揮できたケース) ……………… *83*
4. 発揮された実践力 ……………… *86*
   - 成功のための処方箋 ……………… *88*

事例2 ステークホルダーのうまい巻き込みが、プロジェクト成功の秘訣
(販売在庫管理システムの更改プロジェクト) ……………… *89*
1. 背景と状況 ……………… *89*
2. プロジェクトの推移(①実践力を十分に発揮できなかったケース) ……………… *90*
3. プロジェクトの推移(②卓越した実践力を発揮できたケース) ……………… *92*
4. 発揮された実践力 ……………… *94*
   - 成功のための処方箋 ……………… *97*

事例3 要件定義はプロジェクト成功の要。認知力で乗り切れ
(生産管理システム再構築プロジェクト) ……………… *98*
1. 背景と状況 ……………… *98*
2. プロジェクトの推移(①実践力を十分に発揮できなかったケース) ……………… *100*
3. プロジェクトの推移(②卓越した実践力を発揮できたケース) ……………… *102*
4. 発揮された実践力 ……………… *106*
   - 成功のための処方箋 ……………… *110*

事例4 愚直なプロジェクトマネジメントが成功のカギ
（システム基盤刷新プロジェクト）…………… *111*

1 背景と状況 …………… *111*
2 プロジェクトの推移（①実践力を十分に発揮できなかったケース）…………… *113*
3 プロジェクトの推移（②卓越した実践力を発揮できたケース）…………… *115*
4 発揮された実践力 …………… *117*

　成功のための処方箋 …………… *120*

事例5 利益追求だけのプロジェクトは成功しない。責任感とコミュニケーションのバランスが不可欠（共同金融システム構築）…………… *121*

1 背景と状況 …………… *121*
2 プロジェクトの推移（①実践力を十分に発揮できなかったケース）…………… *122*
3 プロジェクトの推移（②卓越した実践力を発揮できたケース）…………… *126*
4 発揮された実践力 …………… *129*

　成功のための処方箋 …………… *132*

事例6 プロジェクトマネジャーの状況判断がすべてを決める
（海外金融システム開発）…………… *133*

1 背景と状況 …………… *133*
2 プロジェクトの推移（①実践力を十分に発揮できなかったケース）…………… *136*
3 プロジェクトの推移（②卓越した実践力を発揮できたケース）…………… *139*
4 発揮された実践力 …………… *142*

　成功のための処方箋 …………… *143*

事例7 単純な試験作業を楽しみに変え、メンバーのやる気を引き出す。
人の気持ちのマネジメント
　（携帯電話決済サービスの総合試験プロジェクト）…………… *144*

1 背景と状況 …………… *144*
2 プロジェクトの推移（①実践力を十分に発揮できなかったケース）…………… *146*
3 プロジェクトの推移（②卓越した実践力を発揮できたケース）…………… *148*
4 発揮された実践力 …………… *151*

　成功のための処方箋 …………… *153*

事例8 先の見えないプロジェクト、ネバーギブアップ。窮すれば通ず
（営業店システムの開発プロジェクト）…………… *154*

1 背景と状況 …………… *154*
2 プロジェクトの推移（①実践力を十分に発揮できなかったケース）…………… *158*
3 プロジェクトの推移（②卓越した実践力を発揮できたケース）…………… *160*

  4 発揮された実践力 …………… *162*
   成功のための処方箋 …………… *164*

事例9 **ビジョンを描けないリーダーは、プロジェクトを動かすことはできない**
  （受託システム開発プロジェクト）…………… *165*
  1 背景と状況 …………… *165*
  2 プロジェクトの推移（①実践力を十分に発揮できなかったケース）…………… *166*
  3 プロジェクトの推移（②卓越した実践力を発揮できたケース）…………… *167*
  4 発揮された実践力 …………… *169*
   成功のための処方箋 …………… *170*

事例10 **プロジェクトでのコンフリクトは、早期の相互情報開示が効果的。争点を明確にして合意形成へ**
  （物流システム開発プロジェクト）…………… *171*
  1 背景と状況 …………… *171*
  2 プロジェクトの推移（①実践力を十分に発揮できなかったケース）…………… *172*
  3 プロジェクトの推移（②卓越した実践力を発揮できたケース）…………… *174*
  4 発揮された実践力 …………… *176*
   成功のための処方箋 …………… *178*

事例11 **多様なメンバーの理解と尊重、そして自らの積極行動で、プロジェクトは成功する**
  （大規模電気通信設備の多国籍プロジェクト）…………… *179*
  1 背景と状況 …………… *179*
  2 プロジェクトの推移（①実践力を十分に発揮できなかったケース）…………… *182*
  3 プロジェクトの推移（②卓越した実践力を発揮できたケース）…………… *184*
  4 発揮された実践力 …………… *186*
   成功のための処方箋 …………… *188*

参考文献 …………… *189*
索　　引 …………… *192*

序章

本書を読む前に

1

【PM実践力とは】

- 「Aさんは、10年以上のベテランで経験は誰にも負けないはずなのに、彼のプロジェクトはいつもおかしくなっているね。」
- 「Bさんは、プロジェクト管理の動くハンドブックのように何でも知っているんだけど、実践には向いていないみたいだね。」
- 「うちの会社には優秀なプロジェクトマネジャーがいないし、若手も育っていない。大きな案件はリスクが高くて手が出せないよ。」
- （Cさんのつぶやき）「いろいろなプロジェクトマネジメントの研修に行ったけど、通り一遍の話ばかりで、ちっとも実践には役に立たない。」

その一方で、こんな声も聞こえます。

- 「Dさんは、いつもプロジェクトをうまく仕上げるね。うちの会社の重要なプロジェクトはほとんど彼の手によるものだね。」

　技術の進歩も、市場動向の変化も激しい現代において、ITシステム開発のプロジェクトは、コスト条件や短納期に追われ一昔以上に難しくなっています。本当に成功しているプロジェクトは少ないのです。その理由の一つにプロジェクトマネジャーの実践力不足があるようです。

実践力とは何でしょうか。プロジェクトマネジメントに必要な実践力は、知識と実際のプロジェクト経験によって蓄えられるといわれます。
　経験を多く積むことで実践力が高められ、より大きな、より困難なプロジェクトもマネジメントできるようになります。プロジェクトマネジャーには、このように困難なプロジェクトや大規模なプロジェクトを確実にマネジメントできる実践力の高いハイレベルなプロジェクトマネジャーもいれば、その一方で、比較的小規模なプロジェクトならば管理できる実践力がさほど高くないプロジェクトマネジャーもいます。情報処理推進機構（IPA）のプロジェクトマネジメント委員会は、プロジェクトマネジャーの実践力を把握するとともにその成長の目標を示すために、実践力のレベルごとに備えるべきプロジェクトマネジャーのスキル標準を研究し定義してきました。

　しかしその研究の中で、プロジェクトマネジャーの実践力はITスキル標準で示した知識と経験だけによるものではないという意見が各委員から噴出しました。
　プロジェクトを必ず成功させる高い実践力とは何だろう？　この疑問に答えるのが、「PM実践力」です。
　冒頭に示した"声"にあるように、確かにプロジェクトマネジャーの中には、プロジェクトマネジメントの知識やそれなりの経験もあるのにもう一歩何かが足りないためにプロジェクトがうまくいかない、経験を積んでも進歩がないという人もいるのが事実です。この足りない何かがPM実践力だと著者らは考えています。

　「発刊によせて」で述べられたITスキル標準では、プロジェクトを成功させる人たちに共通にみられる行動特性であるPMコンピテンシーについて触れています。しかし、そこで示したコンピテンシーを実際どうやって身につけたらよいのか、今一歩探求しなければ、実践に役に立つものにならないというのが、筆者らの一致した意見でした。そこで、私たちは独自の研究グループPMコミュニティを立ち上げ、この問題に取り組み、その結論を本書にまとめました。その研究過程において、筆者らもあらためてPMコンピテンシーを深く理解することになりました。
　ここで筆者らは、PMコンピテンシーのうち、特に人間力にかかわる部分

を「PM実践力」と呼ぶことにしました。

　一方、IPAのiコンピテンシ ディクショナリは、プロジェクトマネジャーに求められる知識とスキルをタスク（課される"仕事"）との対応から整理しています。筆者らは、iコンピテンシを実践するためにも、さらなる能力「PM実践力」が必要と考えています。

　さらに「PM実践力」は、プロジェクトマネジャーだけに必要とされるものではない。プロジェクトにかかわるすべての人に必要なものである。そればかりか、「PM実践力」は、プロジェクトをやるためのだけのものではない。すべての業務のマネジメントにも必要不可欠なものである」と考えています。

　本書が、プロジェクトに携わる読者の皆様は無論のこと、あらゆる仕事に従事するマネジャーの方々に役立てていただければ、これほどうれしいことはありません。

2 【本書の特徴とねらい】

　プロジェクトマネジメントは art（アート）と science（サイエンス）のコンビネーションといわれています。サイエンスの世界は経験を含むプロジェクトマネジメントおよび関連する各種知識体系であり、アートはプロジェクト遂行において、そのプロジェクトマネジャーから醸し出される態度や行動であり、適切にプロジェクトに適応させている人間的側面と考えています。

　そのアートの部分が、プロジェクト遂行において期待される職務を安定的・継続的に達成する中で一貫してみられる思考・判断・選択・態度・行動などであり、自然体で業務遂行中にみせる特性のことです。

　本書では、このようなプロジェクトマネジャーがプロジェクト遂行中にみせる、スキルをベースとした自然体で業務進行中にみせる態度の特性をPM実践力と称し、ITスキル標準の検討終了後、各委員の発案によりPM実践力を各側面から検討することになりました。

　本書の特徴はその結果をまとめたことです。PM実践力とは何かを説明しているばかりでなく、PM実践力を構成する項目を調査し、その項目の定義と説明を行い、それに沿ったプロジェクトマネジャーの行動特性を示しています。

　PM実践力は試験や面接などでは測定不可能なものであり、日常のプロジェクト遂行の中での態度や行動を観察する方法しかないと思います。

　そのため本書は、プロジェクト遂行中のプロジェクトマネジャーにとって

❶　的確にその場において必要とされる行動を起こしているか自分自身を知るための指針

❷　プロジェクトマネジャーとしてさらにもう一歩向上を目指すための座右の書

として役立つことを狙ってまとめています。

　もちろん、ここで示されるPM実践力の項目はそのすべてではなく氷山の一角として目に見える部分だけかもしれません。

　しかし、読者諸氏がさらに自分のプロジェクトまたは業務の中で"自分独

自の実践力"を本書に追加し、自分独自の座右の書としていただければよいと考えます。

なお、本書は実際の経験に準じた内容をもとにしており、読者が実際のプロジェクトで適切に行動していくための具体例を示しています。

また、本書の構成は以下に示すとおり、読者が理解を徐々に深められるよう工夫しています。

> ・1章　PM実践力の概要を知る
> ・2章　PM実践力を深く理解する
> ・3章　PM実践力の事例から実践を学ぶ

本書の読み方として、読者のPM実践力へのこれまでのかかわり方により以下を推奨します。

PM実践力の定義や概要から理解したい方は、1章から順番に読むことをお勧めします。PM実践力の概要を把握しているが、内容を深く理解したい方は、2章から読むことをお勧めします。それよりも、PM実践力の具体的な行動特性やその事例を知りたい読者は3章から読んでください。

3章の事例は、定義だけではわかりにくいというPM実践力への以下のような疑問に答えられるよう構成しています。

- 過去に実践力の議論はさまざま行われているが、なかなか実践で活用できるものになっていない。
- 実践力を定義しているが、それを評価することが目的で、スキルとの違いがわからない。
- 過去の高実践力保有者の事例を取り上げ、定義に補足がなされている場合もあるが、自分のプロジェクトでどのように活用すべきかがみえてこない。
- プロジェクトの成功に実践力がどうかかわっているのかがわかりにくい。

3章の各々の事例では、二つのストーリーを紹介します。いずれのストーリーもまったく同じプロジェクトに関するものです。しかし、PM実践力の違いによって、プロジェクトの状況や結果が違ってきます。

つまり、PM実践力が発揮できるかどうかで、同じプロジェクトでも問題が起きたり起きなかったりします。また、たとえ問題が起きても、うまく解

決しプロジェクトが成功する場合もあるし、そのままプロジェクトの失敗につながる場合もあります。

各事例の二つのストーリーを読み比べることによって、以下のことが理解できるよう構成しています。

> ・卓越したプロジェクトマネジャーは、失敗の要因となるような兆しや状況を、どのように認知し、判断し、対処しているのか、そこに発揮されるPM実践力はどのようなものであるのか。
> ・PM実践力は2章で示した一つの領域だけではなく、組み合わさり連携して発揮され、プロジェクトが成功に導かれる。

なお、3章の事例は、著者らの実体験をもとに構成したものですが、事実そのものではなく、事例に登場する組織や人物は実在のものではありません。

3 【本書とiコンピテンシ ディクショナリの関係】

　IPAは企業においてITを利活用するビジネスに求められる業務と、それを支えるIT人材の能力や素養を「タスクディクショナリ」「スキルディクショナリ」として体系化し、企業が経営戦略などの目的に応じた人材育成に利用できる「iコンピテンシ ディクショナリ」（以下、iCD）としてまとめています。iCDは、試用版が2014年7月31日に、パブリックコメントや産業界における実証実験などを踏まえた正式版が2015年6月に公開されています。

　「タスクディクショナリ」「スキルディクショナリ」はそれまでのITSS、UISS、ETSS、CCSFなどと各種プロセス体系や知識体系を参照するかたちで体系化されています。

　iCDの詳しい内容は次を参照してください。

　iコンピテンシ ディクショナリ概要：

　http://www.ipa.go.jp/jinzai/hrd/i_competency_dictionary/icd.html

　なお、本書で扱っている実践力の範囲は、iCDのタスクディクショナリDV15 プロジェクトマネジメントやスキルディクショナリのITヒューマンスキルの部分などにも関連する記述がありますが、本書の実践力という用語とiCDの中のITヒューマンスキルの中の実践力という用語は同一ではありません。

# 1章

PM実践力の概要を知る

1.1 【知識、経験、スキル、実践力の用語説明】

本書では、「知識」「経験」「スキル」「実践力」を以下のように使用する。

表1.1.1　知識、経験、スキル、実践力

用　語	説　明
知識	・知っている事項。 ・知っているからといって活用できるとは限らない。
経験	・実際に自分で実行したり見たり聞いたり行動したこと。 ・もしくは、それらによって得られたこと（自分の中の法則）。
スキル	・技量、技能のこと。 ・知識をもち、知識を実際に活用できること。活用するという経験を積み重ねることでスキルは定着し、向上する。
実践力	・高いパフォーマンスを達成できる人に共通してみられる行動特性。 ・PM実践力：難易度の高いプロジェクトをより多く成功に導く優秀なプロジェクトマネジャー（PM）に共通してみられる行動特性。

上記の知識、経験、スキル、実践力をゴルフに例えると、次のようになる。

- **知識**：スイング理論などのゴルフ理論を知っていること。
- **経験**：実際に理論に従って、練習場やゴルフ場（経験）に出て、スイングしてみること。
- **スキル**：知識と経験に基づいて、良いスイングができるようになること。
- **実践力**：本番（試合）で、思いどおりのスイングができ、さまざまな状況においてイメージどおりの球が打てる。そしてその結果、試合に勝てること。

1.2 【実践力と知識、スキルとの違い】

　知識、スキルが特定レベルの業績を創出するために必要な要件と位置づけられるのに対し、実践力はより高い業績を発揮する際の要件と位置づけることができる。また、両者は存在の有無を確認する際の視点が異なり、知識、スキルの有無は頭で記憶、理解している状態をもって理解や保有度合いをある程度判断することができるが、実践力は行動を起こすうえでの明確な意識、具体的な行動、行動を起こす際の意思の所在によってその有無を識別することになる。

　これをプロジェクトマネジメントに置き換えて考えてみると、プロジェクトマネジメントに関する知識やスキルをもったプロジェクトマネジャーが、プロジェクトが置かれた状況を適切に認識したうえで、プロジェクトを成功に導くために最適と考えられる行動を一貫した心構え、考え方のもとにとっている状態とすることができる。また、こうした行動は本人の明確な意思のもとにとられているものであるために、当人の考え方や、仕事の進め方に創意工夫を含めた一貫性や法則性を確認することができる。

　なお、実践力と知識、スキルは無関係ではなく、実践力の発揮には知識、スキルが前提として必要となる。

表1.2.1　実践力と知識・スキルの比較

実践力	より高い業績の達成／及第レベル	具体的な行動（ハイパフォーマー）
知識・スキル	必ずしも高業績に結びつかない／及第レベル	頭で理解している 技量、技能を保有している

1.3 【プロジェクトマネジャーがもつべき実践力】

　前節で示した、プロジェクトマネジャー（PM）がプロジェクトに対して高いパフォーマンスを出す能力を、PM実践力と呼ぶ。プロジェクトマネジャーがプロジェクトを成功に導くためには、プロジェクトの場の状況に応じて知識やスキルを効果的に、かつ効率的に活用する行動が求められる。PM実践力はプロジェクトマネジャーがプロジェクトを高いパフォーマンスで終結させていくための重要な軸となる。

　例えば、以下はPM実践力不足の典型的な例である。

- プロジェクトマネジメント知識にはやたらと詳しいが、何のためにプロジェクトマネジメントをやっているか表面的にしか理解できていないプロジェクトマネジャーが存在する。
- プロジェクトは、プロジェクトメンバー、ステークホルダーなど多くの人達の参画で目的を達成することになるが、プロジェクトメンバーのモチベーションを無視したプロジェクトマネジャーが存在する。
- 顧客に対するコミットメント・母体組織に対するコミットメントが強く、プロジェクトの目的達成に対する意欲も強いが、厳しいQCD（Quality Cost Delivery）のなかでプロジェクトを運営していくための方法を知らず、メンバーへの叱咤激励、顧客とのコミュニケーション、ネゴシエーションだけで乗り切ろうとするプロジェクトマネジャーが存在する。

　プロジェクトマネジャーはプロジェクトの目的を達成するために、知識やスキルだけではなく、PM実践力を高めていくことが切望される。

1.4 【PM実践力の六つの領域】

　PM実践力は、図1.4.1に示すコミュニケーティング、リーディング、マネージング、エフェクティブネス、認知力、自己規律の六つの領域で構成される。なお、PM実践力は六つの領域が個別に発揮されるというよりも、相互に連携して発揮される。

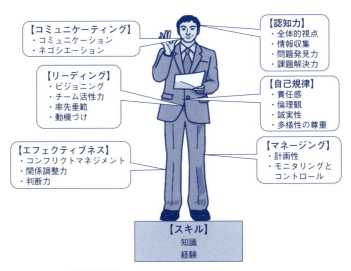

図1.4.1　できるプロジェクトマネジャー像

❶　コミュニケーティング

　適切な手段を使って、効果的かつ適切に意思疎通を行う際に発揮される実践力。

❷　リーディング

　チームの結集力、相乗効果、生産性を高めるとともにメンバーをモチベートする際に発揮される実践力。

❸ マネージング

プロジェクトの目的達成を志向し、計画・リソース配分を行うとともに、進捗管理を行う際に発揮される実践力。

❹ エフェクティブネス（効果性）

プロジェクト活動に求められる望ましい結果を効果的に導き出すために発揮される実践力。

❺ 認知力

プロジェクトを俯瞰的に捉え、問題を認識するとともに適切に課題を解決する際に発揮される実践力。

❻ 自己規律

責任、尊敬、公平、実直の考えをもった倫理的な行動に基づきプロジェクトマネジメントを遂行する際に発揮される実践力。

また、PM実践力の各々の領域はさらに表1.4.1のようにいくつかの実践力項目で構成されている。

表1.4.1　PM実践力一覧

領　域	項　目	定　義
【コミュニケーティング】 ➡適切な手段を使って効果的かつ適切に意思疎通を行う	コミュニケーション	コミュニケーションの目的に応じて、最適なコミュニケーションチャネル、技法（ドキュメンテーション、プレゼンテーション）を駆使し、また、タイミングを考慮した情報・メッセージの受発信を行い、その理解・浸透の効果を高める。
	ネゴシエーション	目的達成のために自社・プロジェクト遂行者の利害だけでなく、相手の利害も損なうことなくWin-Winの関係をつくりつつ、合意を形成する。
【リーディング】 ➡チームの結集力、相乗効果、生産性を高めるとともにメンバーをモチベートする	ビジョニング	プロジェクトの目的を深く理解し、その目的を達成するため、プロジェクトの進むべき方向（ビジョン）を描き、その実現に向け行動する。

		チーム活性力	組織の生産性を向上させるため、メンバー相互の信頼関係を構築し、たとえ困難な状況にあってもポジティブな行動を維持し続け、プロジェクト内においてメンバーがいきいきと行動している状態をつくり出している。
		率先垂範	目標達成のために、必要と判断したことに対しては自発的、かつ模範になる行動を起こし、周囲の人々の結束を主導する。
		動機づけ	賞罰、表彰、賞賛といった外的動機づけのみならず、部下の特性を把握し、価値観、好奇心、関心に働きかけることによりメンバーのモチベーションを引き出す。
【マネージング】 ⇒プロジェクトの目的達成を志向し、計画・リソース配分を行うとともに、モニタリングとコントロールを行う		計画性	経営資源の配分や仕事の進め方・期日、遂行メンバーを明確化する。
		モニタリングとコントロール	目標の達成を確実にするために、定期的なモニタリングとコントロール（調達、成果物、品質、コスト、納期、その他の進捗を管理）を行い、計画との違いを分析し、必要な調整を行う。
【エフェクティブネス】 ⇒プロジェクト活動の効果を、適切なリソース、ツール、およびテクニックを使用して望ましい結果へと導く		コンフリクトマネジメント	生産性やチームワークを維持・向上させるために、さまざまなコンフリクトについて、方針の明確化、情報共有、コミュニケーションプランの見直しなどを状況に応じて、ステークホルダーを巻き込んだ調整を図る。
		関係調整力	組織の文化、公式・非公式の人間関係や影響力、コミュニケーションのチャネルを把握し、業務を遂行するうえで最適な対応をとる。
		判断力	適切な判断軸と解決オプションを想定したうえで、効果的なタイミングで意思決定を行う。
【認知力】 ⇒プロジェクトを俯瞰的に捉え、問題を認識するとともに適切に課題を解決する		全体的（戦略的）視点	さまざまな事象を捉える際に、自分の所属している組織、短期的な視点やメリットなどの狭い範囲ではなく、すべての関係者や組織の視点、中長期的視点、創造的視点をもった俯瞰的な捉え方を行う。

	情報収集	あらゆる情報源や入手ルート、収集手段を活用し、プロジェクトの遂行やさまざまな意思決定で必要となる情報を早く正確に、かつ幅広く集める。
	問題発見力	収集した情報を分析・評価し、プロジェクトを成功させるために解決すべき問題や課題、リスクを早期に予知、発見する。 ●問題：期待と現実とのギャップ
	課題解決力	発見された問題から、プロジェクトにおける問題や課題を整理し、影響や効果を総合的に評価して解決レベルを見極め、課題解決策を決定・実行し、課題を解決する。 ●課題：発見された問題のうちプロジェクトで解決すべきものとして抽出された問題
【自己規律】 ➡責任、多様性、公正、実直の考えをもって倫理的な行動に基づき、プロフェッショナルとして卓越したプロジェクトマネジメントを遂行する	責任感	自分に与えられた仕事や役割、達成すべきゴールに向けて強い使命感・こだわりをもって最後まで成し遂げる。
	倫理観・誠実性	善悪・正邪の判断において、普遍的な規準をもっているとともに、法律をはじめ社会的なルールを熟知し、自分自身が業務遂行する際にも、いかなるときでも厳格に遵守する姿勢を示す。
	多様性の尊重	国籍、文化、価値観などの違いからくるさまざまな考え方やスタイルの違いを尊重し、それらを考慮した適切かつ柔軟性をもった行動をとる。

1.5 【実践力発揮の構造】

　実践力が発揮される際には、成果のイメージと状況認識に基づいて適切な意思決定と行動がとられている。なお、適切な意思決定を行ううえでは知識やスキルが必要となる。

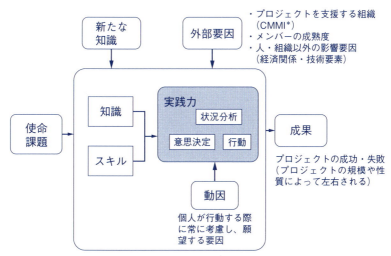

* CMMI：Capability Maturity Model Integration、能力成熟度モデル統合。組織がプロセスをより適切に管理・運営できるようになることを目指して、遵守するべき指針を体系化したもの

図1.5.1　PM実践力発揮の構造

1.6 【実践力開発のプロセス】

　実践力は、座学で習得できる知識とは異なり、実践を通して開発される。ただし、単なる実践を繰り返すだけで開発されるものではなく、失敗やフィードバックといった外的な刺激などを契機として気づきを深め、自分なりの概念を形成していくことがポイントとなる。なぜなら実践力は、その状況で偶発的にとったベストの行動ではなく、成功をイメージして明確な意思をもってとられる行動であるため、自分の中で確立された法則にもとづいて、意識的な行動をとれるようになることが必要とされるからである。このような実践力開発のプロセスは経験学習モデルとも呼ばれている。

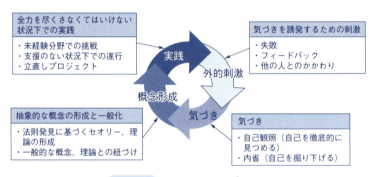

図1.6.1　実践力開発のプロセス

1.7 【実践力の開発方法】

　実践力の開発には経験学習モデルが必要である。かつては組織の構成人員も若く、変化のスピードも緩やかで、若いうちから一つ上のストレッチした経験を積む機会が豊富にあった。人間関係も豊かで相互の関係性の中からフィードバックを受ける機会も多く、経験学習をするという側面でみると恵まれた環境にあったといえる。

　しかし、現在は組織構成も成熟化するとともに、スピードの変化も速くより複雑になったためにリスクを抑えることが難しくなってきている。また、構成要員も若手中心ではない組織が多くなっており、このため、若いうちから新しいプロジェクトへアサインしたり、ローテーションを組んで経験を積ませたりすることが非常に難しくなってきている。こうした環境下で実践力を開発するためには、プロジェクトマネジャーの候補者に計画的に経験を積む機会を与えたり、気づきをより強く与えるようにコーチングを活用したり評価制度を機能させることで、経験学習を促進させる工夫をとることが必要になってきている。

　また、批判的学習モデルや実践コミュニティモデルは、経験学習モデルを補完し気づきや概念化を深めるうえで有効な方法といえる。また、師弟モデルは伝統芸能や武道の世界でとられてきた学習スタイルで、かつては現在に比べると職場の人間関係が豊かで上司、部下の関係性が長期的であり、師弟モデルに近い学習方法がとられていたといえる。しかしながら、プロジェクト型組織で上司や部下の関係が固定せずに常に変わるスタイルにおいては、このスタイルをとることは困難である。こうした環境下では、メンタリング制度を取り入れ指導者を固定化することにより、師弟モデルに近い学習を実施していくことができる。

　実践力の開発に必要な経験学習モデルの一例を表1.7.1に示す。

表1.7.1 実践力の開発方法

有効度	モデル	説　明	手法例
◎	経験学習モデル	・自らの経験から独自の知見（セオリー）を紡ぎだすスタイル ・具体的な経験→内省的な観察→抽象的な概念化→積極的な実験	〈経験提供〉 ・アクションラーニング ・計画的ローテーション ・タフアサインメント 〈内省サポート〉 ・コーチング*1 ・アセスメント、評価
○	批判的学習モデル	・情報をパターン認識する際に、そのまま受け入れるのではなく前提を疑うことで、問題意識を深める学習スタイル	・ケーススタディ ・マーコード式アクションラーニング*2
○	実践コミュニティモデル	・テーマについての関心や問題、熱意を共有し、その分野の知識や技能を持続的な相互交流の中で深める	・コミュニティ活動
○	師弟モデル	・師匠と弟子との関係の中で、場と時間を過ごす中で学ぶスタイル ・時間を多く要する 守→破→離	・メンタリング ・ジョブシャドイング
×	学習転移モデル	・正解がある知識を移転する学習スタイル ・講義を聴いて記憶に努める学習スタイル	・座学講義 ・e-learning ・テキスト学習

◎：非常に効果的、○：効果はあるが限定的、×：ほとんど効果がない

*1　GROWモデルのこと。Goal（目標）、Reality（実現性）、Options（選択肢と行動案）、Will（実行への具体的行動、意志）を明らかにしていくコーチングの進め方。

*2　マーコード式アクションラーニング
実際の職務の課題を題材とした問題解決ワークショップ。質問と振返りを中心としたセッションを行うことにより、真の問題と解決法についてメンバー全員で検討する。

2章

PM実践力を深く理解する

2.1 【コミュニケーティング】

定義 適切な手段を使って効果的かつ適切に意思疎通を行う。

説明 コミュニケーティングとは、口頭、文書、または合図などによる個人（相手）、集団への伝達、連絡、相互意志疎通に必要なコミュニケーションの手段であり、業務においては共通基盤の構築および情報収集の手段として利用し、行動することである。

プロジェクトマネジメントではプロジェクト関係者間のインターフェースの問題を防止するために良好な関係を常に維持することが必要である。

コミュニケーティングは、次の二つにより構成されている。
・コミュニケーション
・ネゴシエーション

2.1.1 コミュニケーション

1 ── コミュニケーションの定義

コミュニケーションの目的に応じて、最適なコミュニケーションチャネル、技法（ドキュメンテーション、プレゼンテーション）を駆使し、また、タイミングを考慮した情報・メッセージの受発信を行い、その理解・浸透の効果を高める。

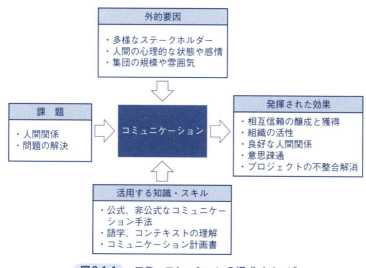

図2.1.1 コミュニケーションの構成イメージ

2 ── コミュニケーションの深掘り

コミュニケーションには図2.1.2に示すように三つの形態がある。

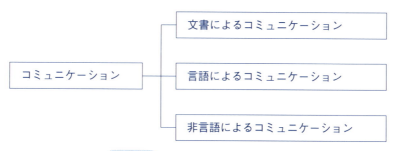

図2.1.2 コミュニケーションの形態

なお、コミュニケーションは、プロジェクトやビジネス活動におけるヒューマンスキル(パーソナルスキル)の分野からのビジネスコミュニケーション、および人間の心理的な状態や感情、集団の規模や雰囲気に影響しつくられるコミュニケーションクライメートに分けられる。

すなわち、プロジェクトマネジメントにおいて良好な人間関係を保ち、組織を活性化し、プロジェクトの目的を効果的に達成するうえでは、ビジネス

コミュニケーションのような公式なコミュニケーションと非公式なコミュニケーションを用いることによりプロジェクトの良好な遂行が可能となる。

1）公式なコミュニケーション

公式なコミュニケーションには、文書と言語によるコミュニケーションがある。ビジネスやプロジェクトにおいては、図面、文書、手紙、ファックス、そして各種確認書（電話確認書、情報源）などに関する文書や情報が公式なコミュニケーション媒体である。ISO 9001品質マネジメントシステム—基本及び用語（抜粋）（3.7項）「文書に関する用語」に規定されている事項が参考になる。

すなわち、"言った、言わない。見た、見ない"などのトラブルを防止するため、コミュニケーションの文書化が公式なコミュニケーションには必須である。

❶文書によるコミュニケーション

プロジェクトにかかわる各種コミュニケーション媒体で、大きく二つに分けられる。すなわち、外部コミュニケーションとしての製品情報、引合いに関する図書、契約、仕様書、苦情処理、そして会議や通信手段による仕事上のやり取りを示す記録と、内部コミュニケーションとしてのプロジェクトメンバーや関連組織と会議や通信手段による連絡票または会議などによる情報・データのやり取りなどがある。

プロジェクト関係者の業務、責任および相互の活動関係の取決め、そしてプロジェクトの情報・データのやり取りを記述する以下のような「コミュニケーション計画書」を策定する。

コミュニケーション計画書

1. 全　般
   本手順書の目的、契約書との関係およびプロジェクト名称などの取決め
2. コレスポンデンスおよび書類に関する取決め
   1）使用言語および単位
   2）提出する、または提出される書類の種類、部数、宛先および図書管理番号システム

3) 打合せおよび口頭約束の処置
4) 図書類の承認に関する手順・方法（承認手順、識別（スタンプ）、完成図書）
3. 各段階（要件定義、設計、調達、据付け）での重要書類に関する規定
4. 報告書の作成および報告手順
5. 請求書の作成および提出手順
6. 変更・追加・削除に関する手順

なお、プロジェクト遂行にあたっては多種多様な文書、情報が関連各所を行き来する。このための管理手法の基本がWBS（Work Breakdown Structure）であり、これをベースに文書、図書のナンバリングシステムが構築される。

❷言語によるコミュニケーション

言語はビジネスやプロジェクトにかかわらず最も基本的なコミュニケーション媒体である。

言語によるコミュニケーションの公式化は、主に会議議事録や電話確認書などにより行う。

文書化されない言語によるコミュニケーションを公式化することは非常に難しく、たとえ信頼のおける相手、緊密な関係での口約束でもこれは公式にはならない。

なお、言語によるコミュニケーションには発信能力、受信能力、理解能力の三つの総合能力が必要となる。

例えば、プロジェクトでは各種用語や外国語などが必要になるが、これらを使用したコミュニケーションには上記の三つの能力を発揮させるために必要な知識や情報が必要となる。

2) 非公式なコミュニケーション

非公式なコミュニケーションには言語によるコミュニケーションと非言語によるコミュニケーションがある。

❶言語によるコミュニケーション

雑談やジョークそして思いやりや励ましの言葉は、コミュニケーションの

ライメートの醸成に大いに役立つものである。

組織内の人間関係の構築を助長し、良い雰囲気を醸成し、良好な業務遂行を達成するにはそれぞれに関係者の行動とともに言語によるコミュニケーションが重要なものとなる。

コミュニケーションクライメートの醸成は、組織が大きくなればなるほど難しくなるが、その一方で非常に重要なものとなる。

昨今、インターネットの普及でメールなどによるコミュニケーションはよく使用されるが、これらによる非公式コミュニケーションは連絡ツールとしては便利であるが、コミュニケーションクライメートの醸成にはあまり役立たない。

❷非言語によるコミュニケーション

非言語コミュニケーションとは相手の言葉だけでなく、そこから感じ読み取る印象や感覚であり、文化、行動、態度などに基づくコミュニケーションである。

1976年にHall Edwardは、これをコンテキスト（Context）という概念で定義しており、コンテキストの共有の度合いによりコミュニケーション方法が変わるとしている。

コンテキストには、高コンテキストと低コンテキストがあり、相手に対する表現手段が言語に依存する場合と言外の意味や意図を推察し、理解するといったものに分けられる。

コンテキストの高低は、その国で培った文化、行動、習慣そして民族性によって大きく異なる。

> ・**高コンテキスト人種**：日本、中国、タイ他東南アジア
> ・**低コンテキスト人種**：ドイツ、アメリカ、イギリスなど

ただし、これも同じ民族どうしの中での非言語メッセージによるコミュニケーションであり、日本人と中国人が同じように通じるかというとそれは違う。

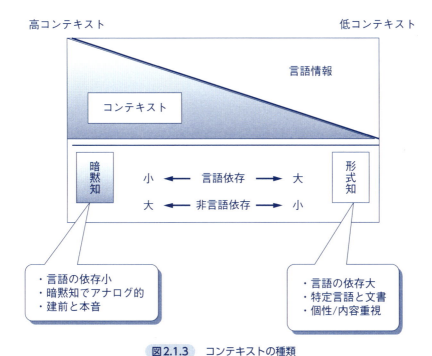

図2.1.3 コンテキストの種類

3 ── コミュニケーションの行動特性

❶ 公式、非公式にかかわらず、関係者に対する積極的で真摯な応答または働きかけで良好なコミュニケーションクライメートを醸成することができている。

❷ 「コミュニケーション計画書」などのプロジェクト遂行に必要なコミュニケーション手順をもっていて、関係者との良好なコミュニケーションを達成することができている。

❸ 適切なコミュニケーション手段および方法をもち、プロジェクト関係者との間で良好な関係を維持することができている。

❹ プロジェクトの場において、議論の方向性や結論の大筋がみえていても、あえて議論を深め矛盾や欠落などのプロジェクトにおける不整合がないかを見極めるような行動をとることができている。

2.1.2 ネゴシエーション

1 ── ネゴシエーションの定義

目的達成のために自社・プロジェクト遂行者の利害だけでなく、相手の利害も損なうことなくWin-Winの関係をつくりつつ、合意を形成する。

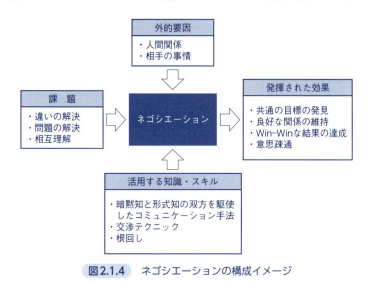

図2.1.4　ネゴシエーションの構成イメージ

2 ── ネゴシエーションの深掘り

ネゴシエーションは遭遇している立ち位置により、いろいろ異なった目的で行われる。例えば、相互理解、違いの解決、取引きでの有利な展開、問題の解決、上司との面談などがある。

自分に有利に物事が展開するための働きかけ（根回し）もネゴシエーションの一環と考えられる。

1）ネゴシエーションの考え方

ネゴシエーションを、「ゲーム理論」でいうゲームに参加している人達の利益と損失を合わせるとちょうどゼロになるといった「ゼロサムゲーム」であるように物事を納めていくものと思っている人もいる。このことはいわゆ

るWin-Loseの関係で勝った者は優越感をもち、負けた者は劣等感や恨みを残すことになり、引き分けても「負けなくて良かった」という中途半端な感情が残る。

ネゴシエーションの理想は互いにハードな交渉を十分に行ったうえで、双方が満足するといった感情をもつ「Win-Win」であるべきと考えられる。

表2.1.1 ネゴシエーションのパターン

		相手	
		勝ち	負け
自分	勝ち	Win-Win 信頼	Win-Lose 強引（対立的交渉）
	負け	Lose-Win 妥協	Lose-Lose 不信（敵対的交渉）

以上がネゴシエーションの考え方ではあるが、一般的には我々は無意識に相手に勝つという「Win-Lose」の交渉になりがちで、その交渉に勝つと仲間から拍手喝さいを受け、所属する企業からは「よくやった」とほめられる。

プロジェクトマネジャーの役割としては当然このようなネゴシエーションを求められるが、この場合、その後のプロジェクト活動において顧客または交渉相手と気まずさが残り、実行面で難しい状況をつくることになる。

2）ネゴシエーションとコミュニケーション

ネゴシエーションに必要な特性としては、適切なコミュニケーションが重要である。

ネゴシエーションにおいて理路整然と自分の主張だけを相手に説明するだけではなくその場の雰囲気、相手の事情、そして自分の目標をもって相手が納得するまで粘り強く説明することが必要である。

すなわち、形式知と暗黙知の双方を駆使したコミュニケーションを行えているかどうかである。

そのほかに、ネゴシエーションには必ず最終的な落とし所がある。そのためには目的とする対象のどこで決着をつけるか、またそれがWin-Winとなるかタイミングをみて決定することが必要である。

しかし、あせらず、あわてず、そしてあきらめずのいわゆるローカス・オブ・コントロール（コントロールの中心）が自分の中にあり、そして「自分を知り、他人を知り、取り巻く状況をみて目標をもって粘り強く行動する」といった人間である必要がある。

3) ネゴシエーション・テクニック

　ネゴシエーション・テクニックには、さまざまなものがある。そして、その発揮の方法は必ずしも決められたものではなく、交渉の場、相手そして雰囲気により千差万別である。

　これらのテクニックは、確かに有効な場合もあるが、テクニックを駆使して交渉を有利に進めると、交渉相手には、結果的に、「だまされた」「テクニックに負けてしまった」という思いが残り、その後の関係性を悪化させてしまいかねない。継続的に良好な関係性を保つには、ネゴシエーション・テクニックを駆使するのではなく、Win-Winな関係を構築できるような交渉が望まれる。とはいえ、すべての交渉が、Win-Winになるわけではなく、相手がネゴシエーション・テクニックを活用した交渉を仕掛けてくることも想定される。このような場面で、冷静に対処できるように、さまざまなネゴシエーション・テクニックを理解し、その対応能力を持つことは重要である。以下にいくつかのネゴシエーション・テクニックの事例を示す。

　最初に高額の見積もりをし、条件を付けて一気に値引くことで、最初の金額から大きく下がったことにより、購入者に得をしたような気持ちにさせる（ドア・イン・ザ・フェイス）。逆に少額の見積もりにより、容易に導入可能なシステムを提案し、購入者側をその気にさせた後に、徐々に機能提案を増やして、本来狙っていた金額までもっていく（フット・イン・ザ・ドア）などのテクニックがある。

　さらに価格交渉時や要件定義、要件変更の場面で、発注者側が「この金額でやってもらわないと困る」「この要件は実施してもらわないと利用者のニーズを満たせないので必ずやってほしい」と強硬に主張することもある（脅し）。逆に「この金額は責任者が決めたことなので、本当は何とかしたいのだが、何とかやってくれませんか」「この要件がないと利用部門が絶対ダメというので、何とかしてくれませんか」といった自分も困っているので何とかしてほしいと泣きつかれることもあるかもしれない（泣きを入れる）。

また、こちら側が単独で対応し、先方が複数の交渉者がいる場合、一方が高圧的な交渉をしてきて、圧倒されていると、もう1人が、「まあ、そう一方的にお願いしてもダメだろう。こちらも譲歩して、今回はこの部分は無にして、重要なこの部分をやっていただくようにしてはどうでしょう」といった提案をされて、本来はその条件でも厳しいにもかかわらず、相手のペースにはまってしまう（怖い刑事と優しい刑事）。このような場面では、こちらも複数の交渉者で対応するのが原則である。

　ネゴシエーション・テクニックとしては、上記以外にも次のようにさまざまなものがある。

- **揺さぶりをかける**：他社はこういう提案をしていますよといった情報で揺さぶりをかける。
- **どうでもいい要求**：重要でない要求を出しておいて、後で譲歩したように見せる。
- **時間稼ぎ**：ぎりぎりまで引き延ばして、時間がないということで譲歩を迫る。
- **既成事実化**：昨年もそうでしたというように既成事実としてしまう。

　このようなテクニックを知ることには一定の意味がある。しかし、先に述べたとおり、交渉は本来互いの主張を理解したうえで、両者が納得できるさらに良い代替案を生み出し、継続的に良い関係性を構築できるように行うことが重要である。

3 ── ネゴシエーションの行動特性

① 自分を知り、他人も知り、そして取り巻く環境も反映し、共通の目標を見出せるように、粘り強く対応することができている。
② 適切なコミュニケーション能力をもち、相手を納得させる術をもち、かつ良好な関係を維持することができている。
③ ネゴシエーティングでの過程ではそれぞれの言い分を吐き出させ、双方が納得できるWin-Winな結果を導き出すことができている。
④ 適切なネゴシエーティングテクニックをもち、相手に不安・不快感を抱かせない方法で状況に応じて柔軟に対応することができている。

2.2

【リーディング】

定義 チームの結集力、相乗効果、生産性を高めるとともにメンバーをモチベートする。

説明 リーディングは、指導力やリーダーシップと呼ばれているものと同意語であり、プロジェクトマネジャーがプロジェクトの目的を達成するため、プロジェクトメンバーをはじめステークホルダーに働きかけ、個人および組織がもっている力を最大限に引き出すことである。

いかなるプロジェクトにおいても、特にプロジェクトが困難な状況になればなるほど、プロジェクトの成功にはプロジェクトマネジャーのリーディングが不可欠である。

リーディングは次の四つで構成されている。
・ビジョニング
・チーム活性力
・率先垂範
・動機づけ

2.2.1 ビジョニング

1 ── ビジョニングの定義

プロジェクトの目的を深く理解し、その目的を達成するため、プロジェクトの進むべき方向（ビジョン）を描き、その実現に向け行動する。

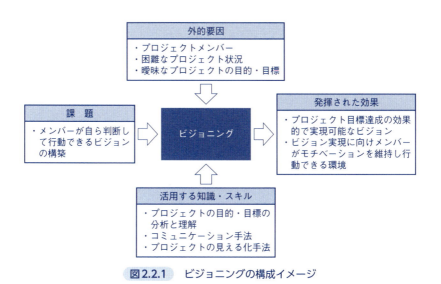

図2.2.1　ビジョニングの構成イメージ

2 ── ビジョニングの深掘り

　プロジェクトマネジャーには、なぜ、ビジョニングが必要なのであろうか。プロジェクトはいつも困難な状況に直面する。このような状況に陥っても、プロジェクトメンバーが、この困難に立ち向かい、それを克服し、プロジェクトの成功を勝ち取るために一丸となって前進する必要がある。このような場合にメンバーの目指すべき方向を示し、メンバーが果たすべき役割を認識させるものがビジョンである。日本的にいえば、旗印であり、大義名分であり、志である。

　プロジェクトマネジャーは、このビジョンを作成し、それをメンバーに浸透させ、一丸となってメンバーがプロジェクトの目的達成に邁進する環境をつくり出す大きな役割を担っている。

　プロジェクトの目的を達成させるために、プロジェクトマネジャーがしっかりとした計画を立てることは重要なことである。しかし、どんなに立派な計画を立てても、所詮、計画は単なる計画である。立てた計画に魂を入れ、活かし、動かすのは"人（メンバー）"である。メンバーがいきいきと働き、各自の役割を十分に発揮する環境をつくり上げることが重要である。

　ビジョンはこのような環境づくりのために重要な役割を果たすことができ

る。
　ビジョンを効果的に作成し、実現するために次のプロセスが必要である。

> ・ふさわしいビジョンを構築する。
> ・構築したビジョンを組織内に伝達する。
> ・メンバーがビジョン実現に向けて自ら行動できるような環境をつくる。

次にこの三つのプロセスをもう少し詳しくみてみよう。

1）ふさわしいビジョンを作成する

　ふさわしいビジョンには、次の六つの要件が備わっていることが不可欠である。

❶眼に見えやすい
将来がどのようになるのかがはっきりした姿で示された内容になっている。

❷実現が待望されている
プロジェクトメンバーや他のステークホルダーが期待する長期的利益に訴えている内容になっている。

❸実現可能である
実現性のない夢物語ではなく、現実的で、達成可能な内容になっている。

❹進むべき方向を示している
意思決定の方向をガイドするための明確な方向が示されている。

❺柔軟である
変化の激しい状況に対応できるように、個々人の自主的行動とさまざまな選択を許容する柔軟な内容になっている。

❻わかりやすく理解しやすい表現である
5分以内で説明が可能な簡潔で明確な内容になっている。

2）作成したビジョンを組織内に伝達する

　作成したビジョンをプロジェクト内に効果的に伝えるためには次のような要件が必要である。

❶明確さと簡明さで表現する
専門用語、技術的専門言語の使用は極力避ける。

❷比喩、たとえ、実例、あるいは図・絵などを活用する
　眼に見える姿を示すことは千の言葉に勝る（百聞は一見に如かず）。
❸さまざまな形のコミュニケーション手段を活用する
　ミーティング、メモと社内報、公式／非公式の会話といったあらゆる機会を捉え、ビジョンを伝えていく。
❹繰り返して伝える
　何度も口にしないと人々の心に深く浸透させることができない。
❺リーダーが規範を示す
　リーダーがビジョンに沿った行動をすることで、ビジョンを浸透させる。
❻言行一致している
　言行が一致していなければ、どのようにコミュニケーションしたとしても、信頼関係を損なう。
❼コミュニケーションは双方向で行う
　双方向でのコミュニケーションは基本であり、一方通行のコミュニケーションに比べ、常に大きな効果を生む。

3) メンバーがビジョン実現に向けて自ら行動できるような環境をつくる

　プロジェクトマネジャーは、自ら率先してビジョンの実現を目指した行動をとるだけでなくメンバー各自がそれぞれの役割において何をすべきかを自ら考え行動できる環境づくりをすることが必要である。
　環境づくりのポイントはビジョンの共感である。共感とは、ビジョンの実現がメンバー各自の自己実現に結びつき、それによって得られる喜びや感動がプロジェクトチームとして共有できることである。
　もう一つは、メンバー相互の信頼関係の醸成と各自のモチベーションの高揚である。そのためには自由で闊達なコミュニケーションと知の獲得や協働関係を実感できる場を醸成することが重要である。
　さらに、プロジェクトにはさまざまな困難が立ちはだかることが常である。メンバーが高いモチベーションを維持し継続するためには、本人では解決できない大きな阻害要因を排除したり、小さな成功体験を仕組んだり、メンバー各自の成果とチームの期待との合致が実感できるようなプロジェクトを見える化するしくみづくりを積極的に進めることも重要である。いずれにしろ、メンバーが高いモチベーションをもち、それを継続できるようにすることが

環境づくりである。

3 ── ビジョニングの行動特性

❶ 自分の果たすべき役割を十分に認識し、プロジェクトの目的、目標を十分に理解することができている。
❷ プロジェクトの目的達成のためにとらなければならない効果的で実現性のあるビジョンをつくることができている。
❸ 作成したビジョンをメンバーに理解・納得させ、メンバーが自ら判断して前向きに正しく行動できる環境を整えることができている。
❹ プロジェクト環境の変化に応じ、作成したビジョンを常に見直し、正しくビジョンを維持するとともにメンバーがビジョンに沿った活動を行っていることを確認することができている。

2.2.2 チーム活性力

1 ── チーム活性力の定義

組織の生産性を向上させるため、メンバー相互の信頼関係を構築し、たとえ困難な状況にあってもポジティブな行動を維持し続け、プロジェクト内においてメンバーがいきいきと行動している状態をつくり出している。

2 ── チーム活性力の深掘り

チーム内のメンバーが、情報を共有し相互に関係しながら目的や目標を達成するために、役割や責任を遂行することがチームワークである。

プロジェクトの成否を決める要素の一つに「チームワークの良し悪し」があり、良いチームワークを発揮して状態をつくり出す実践力が、チーム活性力である。

良いチームワークを実現するためには、次の六つの要素が必要である。

・全員が共通の目的を共有していること。
・全員が互いに助け合って仕事を楽しんでいること。
・全員が役割を担い、プロジェクトの目的の達成をコミットすること。

図2.2.2　チーム活性力の構成イメージ

- 異なる専門分野と経験をもった多様な個人が協働して作業にあたること。
- 全員がプロジェクトの意義を信じ、相互に信頼、尊敬していること。
- チーム・スピリットのもと全員が高い士気をもつこと。

3 ── チーム活性力の行動特性

❶　プロジェクトマネジャーとメンバー間、およびメンバーどうしが相互に信頼関係を構築するために以下のことができている。

- 約束したことは必ず実行し、できないことは約束しない。
- 決めるべきときにはきちんと決める。
- 先延ばしはしない。
- 言い訳しない。
- 取るべき責任をきちんと取る。
- もし決定したことが間違えていることに気づいた場合には、その時点ですぐに謝り、間違いを正す勇気をもっている。

❷ メンバーを公平に扱い、情報の共有化を図り、オープンで効果的なコミュニケーションをとることができている。
❸ チームの置かれている環境が厳しくなっても、明るく前向きな姿勢を崩さず、メンバーのやる気を引き出し、目標に向かってリードすることができている。
❹ プロジェクトやチームの目的・目標をしっかりと認識し、メンバーにもきちんと理解させるとともに、目標達成の必要性・重要性をメンバーに理解させ、目標を達成するという意欲・信念をしっかりもって、メンバーをリードすることができている。
❺ メンバーのスキルや経験に応じた役割分担を行ってメンバーがいきいきと行動できる状況をつくり出すことができている。

2.2.3 率先垂範

1 ── 率先垂範の定義

　目標達成のために、必要と判断したことに対しては自発的、かつ模範になる行動を起こし、周囲の人々の結束を主導する。

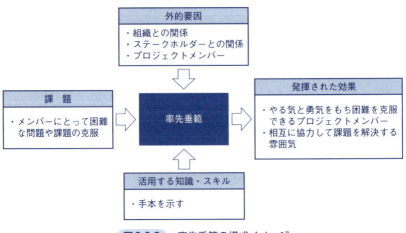

図2.2.3　率先垂範の構成イメージ

2 ── 率先垂範の深掘り

率先垂範とは「先立って模範を示すこと」である。

リーダー、すなわち、プロジェクトマネジャー自らが率先して行動を起こすことが、プロジェクトの成功に大きな影響を与える。

例えば、困難に直面しても、プロジェクトマネジャー自らが率先してその困難を克服する姿勢を見せることによって、メンバーも困難さから逃げることなく、なんとか克服しようとする勇気が醸し出され、プロジェクト全体が困難な状況から脱出することが可能になる。

また、経験の浅いメンバーの多いプロジェクトにおいては、プロジェクトマネジャー自ら率先して「この場合はこのようにやるのだ」という手本を見せることによって、メンバーに協力し合う雰囲気を醸成できる。

リーダーにとって「率先垂範」がいかに必要であり重要であるか、日本を代表するリーダーの方々の言葉をいくつか紹介する。

- 山本五十六氏（日本海軍・連合艦隊司令長官）
  「やってみせ、言ってきかせて、させてみて、誉めてやらねば人は動かじ。」
- 松下幸之助氏（松下電器産業（現パナソニック）創業者）
  「身をもって範を示すという気概のない指導者には、人々は決して心から従わないことを銘記しなくてはならないと思う。」
- 西川善文氏（三井住友銀行 元頭取・日本郵政 初代社長）
  「自分が火の粉をかぶってでも、いまやらなければならないことを先送りせず、率先垂範、先頭に立ってやる。それを見て部下たちも進んで仕事する。経営の責任者とはそういうものではないだろうか。」

3 ── 率先垂範の行動特性

① リーダーとしての果たすべき役割を十分に認識して、いざというときに率先してメンバーに範を示す行動を起こすことができている。

② 困難に遭遇した場合においても、自らその困難を克服することに取り組み、メンバーにやる気と勇気、克服力を与えることができている。

③ 「他人が嫌がること」や「ためらうこと」などを自ら率先してやってみせることができている。

2.2.4 動機づけ

1 ── 動機づけの定義

賞罰、表彰、賞賛といった外的動機づけのみならず、部下の特性を把握し、価値観、好奇心、関心に働きかけることによりメンバーのモチベーションを引き出す。

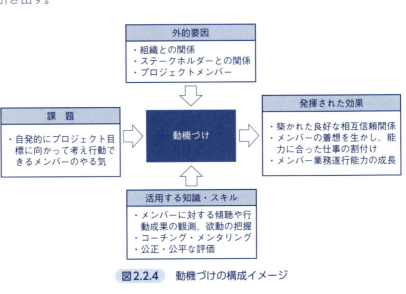

図2.2.4　動機づけの構成イメージ

2 ── 動機づけの深掘り

◇動機
　人が、その行動や行為を決定する意識的または無意識的原因。特に目的を伴う意識的な欲求を指すが、倫理学では、意思決定以前の対立する欲求を意味する場合と、選択決定された欲求を意味する場合とがある。
◇動機づけ（モチベーション）
　人間や動物を行動に駆りたてること。駆りたてるものが賞罰などの時には外発的動機付け、知的好奇心などの時は内発的動機付けという。

(新村　出　編「広辞苑　第6版」(岩波書店)より)

上記に補足すると、人の行為や行動には、必ずその動機がある。しかし動機があるからといって、人は、必ずしも、行動に出るわけではない。

PM実践力の動機づけとは、プロジェクトメンバーがプロジェクトの目標に向かって自ら考え行動するように仕向ける実践力である。

動機づけを高く維持するためには内発的な動機づけが重要である。外発的動機づけはなくなってしまえば、動機づけが下がる場合があるからである。厳しい環境にあってもプロジェクトメンバーが最高の仕事をするためには、外発的な動機づけがあっても、それが個々のメンバーの内発的動機づけにつながるかが重要である。

人は、動機づけに対して、深くかかわりをもつ欲動と呼ばれる基本的な感情をもっているといわれている。

その欲動が満たされることによって、人は安心して積極的な行動をとれるのである。逆に欲動が満たされない状態では、人は不安や疑心暗鬼になり消極的行動、場合によっては否定的な行動をとる場合がある。

欲動の分類法にはいくつかの説があるが、以下の四つの分類が代表的である。

- **獲得への欲動**：社会的な地位など無形なものも含めて、希少なものを手に入れたいという感情のニーズ。
- **絆への欲動**：集団との結びつきを形成したいという感情のニーズ。
- **理解への欲動**：自己の好奇心を満たす。自分の周りの世界を知りたいという感情のニーズ。
- **防御への欲動**：外部の脅威からわが身を守り、正義を広めたいという感情のニーズ。

各欲動は、例えば以下のように人の感情や行動に作用する。

❶獲得への欲動

人は、幸福感を高める希少な何かを獲得したいという欲動をもっている。この欲動が満たされれば喜びを、その逆では不満を覚える。また、この欲動は相対的であり際限がない。例えば、自分が所有しているものと他人が所有しているものを比較し「もっと、さらにもっと」と絶えず欲する傾向がある。

❷絆への欲動

　人は、個人と個人のつながりから個人と集団へのつながりへと広げていきたいという絆の欲動をもっている。絆の欲動が満たされれば愛情や思いやりなど前向きな感情を、満たされなければ孤独感やモラルの崩壊（アノミー）など否定的な感情になる。すなわち人は自分の属している集団（組織）を満足に思えば動機づけは上がり、逆に集団（組織）に不満があったり、裏切られれば下がる。

❸理解への欲動

　人は、自分を取り巻く世界の意味を理解したいという欲動をもっている。そして、意味のないことをしていると感じれば欲求不満を覚える。答えを見つけ出そうと挑戦することが、やる気につながる。自分の力が試され、成長し、学習につながる仕事を与えられると動機づけが上がる。逆に、単調な仕事、先が見えている仕事だと動機づけは下がる。

❹防御への欲動

　人は、本能的に、自己、財産、業績、家族、友達、ビジョンや信条を外敵から守ろうとする欲動をもっている。この欲動の根源にあるのは「闘争か逃走か」の反応である。単なる攻撃や防衛に終わることなく、防御への欲動が満たされれば安心感と信頼感につながる。逆にこれが満たされないと恐怖や憤りといった否定的な感情が呼び起こされる。

　動機づけは、各メンバーの特性を把握し、個々人の価値観、好奇心、関心に働きかけることにより欲動をいかに満たすかが重要なカギとなる。
　すなわち、各メンバーは

- 獲得への欲動が満たされれば喜びを感じることができる
- 絆への欲動が満たされれば愛情や思いやりなど前向きな感情をもつことができる
- 理解への欲動が満たされれば満足を覚え、やる気が湧き、次の挑戦にわくわくできる
- 防御への欲動が満たされれば安心と信頼感が醸成される

この結果、メンバーの積極的な行動や、チャレンジ精神の高揚、生産性向上に対する創意工夫への動機づけになる。

3 ── 動機づけの行動特性

❶ 動機づけを効果的に行うためにメンバーの発言を傾聴し、行動や成果を観察し、メンバーの性格やスキルを把握することができている。

❷ オープンかつ公正・公平なプロジェクト運営により、リーダーとメンバー間の信頼関係、およびメンバー相互間の信頼関係が築けている。

❸ メンバーが、プロジェクトの目的・特性・環境および仕事の重要性やどんな仕事をするのかを十分に理解できるように、伝達することができている。

❹ メンバーの適性・能力・興味などを把握して、頑張ればできる領域をメンバーの着想を生かして自主的に担当させることができている。またプロジェクトの状況により、仕事の範囲や責任度合いをさらに深めることもできている。

❺ コーチング、メンタリング、フィードバックなどを通じて、メンバーの職業上の成長を後押しできている。

❻ 成果を公平に評価して、より責任の高い立場につくチャンスを与えることができている。

2.3

【マネージング】

定義 プロジェクトの目的達成を志向し、計画・リソース配分を行うとともに、モニタリングとコントロールを行う。

説明 マネージングとは、与えられた業務の目標達成を志向し、計画・リソース（人、モノ、金、情報、そのほか無形資産）の適正な配分を行うとともに、その実行、検証、調整など業務のライフサイクル全般にわたってマネジメントを行えることである。
　マネージングは次の二つで構成されている。
・計画性
・モニタリングとコントロール

　マネジメントは仕事の流れを管理するといった発想に基づくものであり、業務の規模や複雑さによりその難度も変化する。
　図2.3.1にマネジメントの構成と流れについて示す。

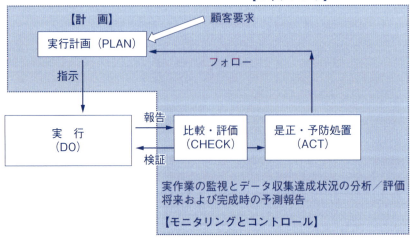

図2.3.1　プロジェクトマネジメントの流れ

2.3.1 計画性

1 ── 計画性の定義

経営資源の配分や仕事の進め方・期日、遂行メンバーを明確化する。

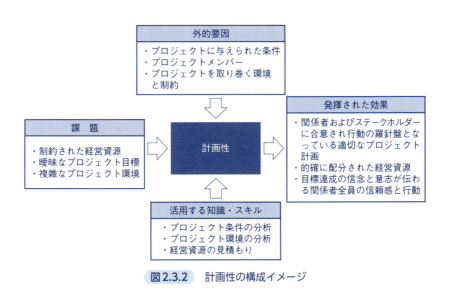

図2.3.2　計画性の構成イメージ

2 ── 計画性の深掘り

計画とは、プロジェクトに与えられた条件や取り巻く環境条件を考慮し、その目的達成ができるように経営資源の配分や仕事の進め方・期日、遂行メンバーを明確化することである。

計画性とは、適切な計画を立て、その計画を確実に実行できる特性である。そのような特性は、与えられた目標を把握したうえで、それを達成するために、今これから何をどのようにすべきかよく熟知してそれを自然体で行動できることである。

計画には国の施策、企業の戦略的企画、事業計画、プロジェクト計画そして日程計画などがある。プロジェクト計画は、基本は自分の置かれた位置や立場で与えられた目標を取り巻く環境や事象を俯瞰的に洞察し、それを達成

するための羅針盤となるものでなければならない。

　プロジェクト計画においては、その内容は対象となるプロジェクトの規模、および特性により千差万別である。プロジェクト計画は与えられた目標の達成のため何をどうするべきかといった進むべき道を示す羅針盤であり、プロジェクトの成否を決定づけるものである。

　プロジェクト計画はプロジェクトライフサイクルの内容を俯瞰的に把握し、そして与条件とその他のプロジェクトを取り巻く条件を分析／洞察し、そこから得られた情報に基づきプロジェクト実行上の、方針／目標の明確化、プロジェクト体制、必要な業務（スコープ）の内容、資源配分（人、モノ、金）およびコミュニケーション手段を構築することにある。

　そのためには、以下のように計画されている必要がある。

❶ 計画そのものがプロジェクトの方向性や内容が信頼されるものになっている。
❷ プロジェクト組織体制がプロジェクト内容に沿ったもので要員配置も適切になされている。
❸ ステークホルダーを明確にし、関係（相互理解）を良好なものにするものになっている。
❹ 実行するための技術的手順やコミュニケーションが効果的かつ適切に行えるようになっている。

3 ── 計画性の行動特性

❶ 自分の立場を考え、明確なプロジェクトに対する考え方や目標をもって、現状を分析／洞察し、そこにある問題点や優先すべき事項を調整し、その方法や手順を計画に適切に示すことができている。
❷ 計画内容に沿って、ステークホルダー間での相互理解が得られるような行動をとることができている。
❸ 計画目標を達成するといった信念と意志を示していると同時に、その意志が関係者全員に信頼感として感じられるものにすることができている。
❹ そして、計画が関係者全員の羅針盤として満足されるものにすることができている。

2.3.2 モニタリングとコントロール

1 ── モニタリングとコントロールの定義

目標の達成を確実にするために、定期的なモニタリングとコントロール（調達、成果物、品質、コスト、納期、その他の進捗を管理）を行い、計画との違いを分析し、必要な調整を行う。

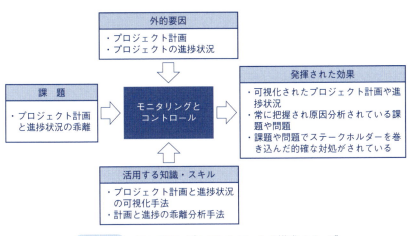

図2.3.3　モニタリングとコントロールの構成イメージ

2 ── モニタリングとコントロールの深掘り

1）モニタリングとコントロールの対象

モニタリングとは「監視、傍受」の意であり、プロジェクトでは構想や計画に準じてプロジェクト全般の運営が遅滞なく実行されているかどうかを監視することとそのしくみをいう。

コントロールとは、モニタリングの結果として計画との差異が発生した場合の検証およびその調整に関する活動とそのしくみをいう。

モニタリングとコントロールの対象の主なものはコスト、スケジュール、品質であり、この相反する対象を的確に監視し、調整しながらプロジェクトを進める必要がある。

そのためには、プロジェクト業務遂行にかかわる書類、必要機材および人

材などのリソース、そしてスコープ変更などへの対応を行わなければならない。
　表2.3.1は、プロジェクトマネジメントにおける主なモニタリングとコントロールの管理対象項目である。

表2.3.1　管理対象項目とモニタリングの種類

管理対象項目	モニタリングの種類
・コスト（資金ないし費用） ・スケジュール（時間、納期） ・品質（製品ないし技術） ・要員 ・資機材 ・図面（図面、仕様書、報告・連絡など）	・実施予算状況／追加・変更 ・スケジュール進捗度合い ・検査／クレーム／仕様・スコープ変更 ・業務負荷状況／要員状況／稼動時間状況 ・調達項目／調達時期・機材入手 ・図書類の発行／承認／変更

2）モニタリングとコントロールのあり方

❶進捗状況の監視
"突然の変化"や"驚き"の状況が発生しないように効果的かつ定常的にプロジェクトの現状を監視する。

❷達成状況の分析と評価
　現状と計画を照らし合わせその乖離を評価する。
　乖離がない場合でも問題が起こる前に予防措置がとれるように、問題を予測し、その真の原因を分析する。
　この手段としては、現状分析から潜在的問題や起こりうる状況を関係者に列挙し、問題の認識を分離・分解し、状況の把握と整理を行う。

❸問題への対応
　これらの活動をもとに、問題を解消するための対策を立案し、実行する。その対策には、是正処置や変更がある。必要に応じてトップマネジメントに報告する。

❹ステークホルダーへの報告
　顧客や上司に対し、現状の進捗と問題、および今後の見通しなどを週次または月次進捗報告書として提出する。

3 —— モニタリングとコントロールの行動特性

❶ 構想や計画の内容の見える化を行い、プロジェクト関係者が実行の進捗などについて容易に把握できるような対策をとることができている。

❷ 構想や計画との差異が発生した場合、その差異がどこまで及ぶのかを即座に検証し、問題点を俯瞰的に捉え、問題の軽重を認知しそれに応じた対応ができている。

❸ 状況に応じた適切な手段を用いて信頼のおける報告をさせることができている。

❹ 報告だけに頼らず直接、実行部隊とコミュニケーションを通じて、進捗状況の確認や把握ができている。

❺ 計画から大きなズレが生じた場合、関係者と調整を図り、適切な判断基準や問題解決により処置ができている。

2.4

【エフェクティブネス】

定義 プロジェクト活動の効果を、適切なリソース、ツール、およびテクニックを使用して望ましい結果へと導く。

説明 エフェクティブネスは、課題や問題解決のための活動がプロジェクトの成功に向けて効果的かつ効率的になるようにステークホルダーに働きかけ影響を与えることである。ステークホルダーはさまざまな利害関係にあり、必ずしも目的に対してまったく同一の方向感をもっている保証もなく、その立場によってステークホルダー相互でも相反する価値観により対立することも多い。そのような場合においても、ステークホルダーの理解と協力を得て結果として各ステークホルダーがプロジェクトの成功に結びつく行動をとるように導いていく実践力である。

エフェクティブネスは次の三つで構成されている。
・コンフリクトマネジメント
・関係調整力
・判断力

2.4.1 コンフリクトマネジメント

1 ──コンフリクトマネジメントの定義

　生産性やチームワークを維持・向上させるために、さまざまなコンフリクトについて、状況に応じてステークホルダーを巻き込み、方針の明確化、情報共有、コミュニケーションプランの見直しなどの調整を図る。

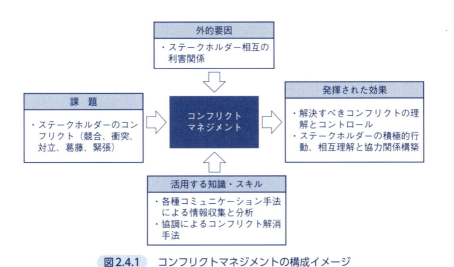

図2.4.1　コンフリクトマネジメントの構成イメージ

2 ── コンフリクトマネジメントの深掘り

　コンフリクトは、競合、衝突、対立、葛藤、緊張などを意味する。相反する意見、態度、要求などが存在することに加えて、相反する存在が互いに譲らずに緊張状態が生じることである。この緊張状態は、異なる意見の対立または対決からくるものである。組織においては、非効率なコミュニケーションが増えたり、情報が正しく伝達されず意思決定に歪みが生じるなどによる仕事の効率や質の低下といったマイナス面の影響がある。

　さらには、メンバーが不快な感情を抱くようになったり、チームワークに乱れが生じるなど感情的な問題に発展する。最悪の場合はプロジェクトの失敗につながる場合もある。しかし、コンフリクトにはプラスの効果もある。すなわち相互の意見交換が活発になることで、自己の考え・意見を深く再認識したり、同時に相手の意見を深く理解する機会ができるため、自分とは違った見方や考え方に気づくことができる。その結果、当該案件の全体の理解が深まり、本質的な問題を発見することもできる可能性がある。このような過程において、当初のアイデアを発展させ新たな視点や考え方を発見し、当初の見方とは違った視点でアイデアを出すことで、問題を解決できる可能性がある。また副次的効果として、相互の競い合いをうまく利用することで意欲の高まりが期待できる。

1) コンフリクトの状況理解

　コンフリクトに対処するには、状況そのものを変えるか、当事者の態度や対応を変える必要がある。具体的な方法は、交渉、制御、（建設的）対峙である。そのためには、まず状況をよく理解することが基本となる。コンフリクトを理解する視点は、現象面から観測して最終的には本質的問題の把握までを行うことである。

❶コンフリクトが個人および組織に及ぼしている効果を含む影響を分析する

　コンフリクトにはプラスの影響もマイナスの影響もある。どちらの影響がより強く表れているかを分析する。

❷コンフリクトのパターンの理解をする

　コンフリクトの最初のきっかけとなる行動に対して、どのような対応を示し、そこからどのようにコンフリクトが深まったのかというパターンをつかむ。これにより、コンフリクトの根本原因と対処の糸口が見えてくることが多い。

❸実質的問題と感情的問題の関係を理解する

　コンフリクトは多くの場合、実質的問題と感情的問題という二つの異なる問題から生じる。実質的問題とは、経営方針や実行手順、役割と責任といった表面化している意見の対峙である。一方、感情的問題とは、当事者が互いに相手に抱いている個人的な認識や感情によるものである。組織では感情的問題を表に出しにくいため、しばしば実質的問題にすりかえられることがある。逆に、最初は実質的問題であったのに、対立点が個人的感情に由来するのではないかと当事者が疑い始め、感情的問題に転換して解決が難しくなる場合もある。

❹コンフリクトの根底にある要因を把握する

　コンフリクトが生じる要因として、外部要因と個人的要因が考えられる。外部要因は時間的制約、予算制約、資源配分、業績へのプレッシャーなど、個人的要因は対抗意識、相性、仕事上のスタイル、ストレスの許容度などである。通常、コンフリクトの原因は複数存在し、それらが複雑に絡み合っていることが多い。対立が深まるにつれ、最初の原因とは関係ないものが原因となることもある。

2) コンフリクトの解消

コンフリクトを解消するときに人がとる行動は以下の五つに分類される

- **競争**：パワーや権威で圧倒し、相手に自分の意見を強制する。
- **受容**：自分の利益や要求より相手のそれを優先して解決する。
- **妥協**：双方が要求水準を下げて、自分の利益・主張の部分的な実現を目指す。
- **回避**：対立する状況そのものを回避し、解決を先送りする。
- **協調**：対立点を明確にしつつ互いの利益を尊重する建設的議論で解決する。

コンフリクトマネジメントは、対立する双方の関係をいわゆる「ゼロサム」（一方が勝てば必ず他方が負ける関係）の状態から、双方が勝つ「Win-Win」の状態へ移行させることにほかならない。すなわち「協調」である。協調のアプローチの基本は、互いに本音を話し合える場をつくること。互いのコンテクストを理解し共通の課題をつくること（実質的に解決すべき問題を再設定する）である。そしてその解決に向けてアイデアを出しアイデアを評価し合意する（表面的問題に対する対峙と感情的問題の対峙の両方の解消）というステップを踏めば効果を得ることができる。コンフリクトに正しく対処することで、プロジェクトの意見の衝突や感情的な対立を解消するだけでなく、ステークホルダーの相互理解の向上と意思決定の質の向上や生産性向上が期待できる。

3 ── コンフリクトマネジメントの行動特性

❶ 情報収集や会話を通してステークホルダーのプロジェクトに対する考え方や意見を常に確認し把握し、プロジェクトの課題や問題、意思決定が必要な事柄に内在するコンフリクトを察知し認識することができている。

❷ プロジェクトの成功に対して影響を及ぼすコンフリクトを協調による方法で解決し、プロジェクトメンバーのより強い相互理解と英知を発揮させる状況をつくり出すことができている。

❸ 対峙する意見をもつ関係者相互が議論できる場を設定でき、互いの本

音を引き出す雰囲気を醸成したり、問いかけや提案により対立点の相互理解を促すことができている。
- ❹ コンフリクトの原因が感情的問題である、または感情的な問題と実質的問題が絡まっている場合は、その関係を認識し理解でき、プロジェクトの目的や目標、ビジョンやミッションレベルでは相互の利害・目標が一致していることを認識させることで感情的なコンフリクトを緩和させ、実質的問題とその解決に対して集中させることができている。
- ❺ メンバーの目的意識や問題意識の低下などによるプロジェクトの沈滞やメンバーのモチベーションダウンを察知することができ、そのような状況においては、あえてコンフリクト状態をつくり出すことによって、プロジェクト内の議論を活性化させメンバーの意識高揚、生産性向上に働きかけることができている。

2.4.2 関係調整力

1 ── 関係調整力の定義

組織の文化、公式・非公式の人間関係や影響力、コミュニケーションのチャネルを把握し、業務を遂行するうえで最適な対応をとる。

2 ── 関係調整力の深掘り

関係調整とは、相互の立場や事情、あるいは内容などを理解したうえで事がうまく運ぶよう、あるいは関係者が納得できるように取り計らう（調整する）ことである。一般的に単独で用いられることは少なく、「人間関係調整」「労働関係調整」「夫婦関係調整」などのように調整する対象と対で用いられることが多い。「人間関係調整力」は、他人との関係がうまく運ぶように取り計らうことができる能力で、相手の立場に立った考え方ができ、すべての関係者が幸せになるように物事を調整できる能力である。

一方、PM実践力としての関係調整力は、プロジェクトにかかわる、人、組織を対象とした「調整」である。当然のことであるが前項のコンフリクトマネジメントを含み、人間関係調整力を組織や利害関係の調整力まで拡張したものである。プロジェクトが成功するように関係を調整するには、関係者

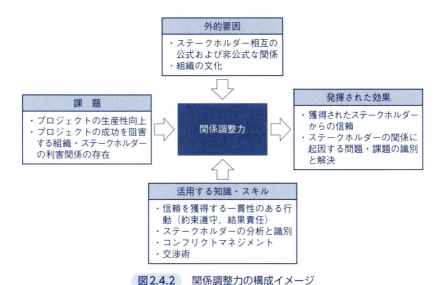

図2.4.2 関係調整力の構成イメージ

が納得するだけでは十分とはいえず、プロジェクトマネジャー自身の意志が十分に反映されねばならない。このためには、調整対象となる人や組織と深い信頼関係を構築したり、相互理解を深め関係者を導くアイデアや論理性のある説得力が不可欠である。

3 ── 関係調整力の行動特性

❶ 常に誠実さと誠意をもって行動しており、結果責任を果たすこと、約束を守ること、をモットーとした姿勢を貫き、ステークホルダーの信頼を得ることができている。

❷ ステークホルダーを以下の分類で正しく認識し、各ステークホルダーの状況や立場に立って課題や問題を捉えることができている。場合によっては、好意的第三者を仲介した調整も行うことができている。

- **利害関係者**：直接的に調整しなければならない関係者
- **友好的関係者**：効果的な働きをしてくれる関係者（オーソリティ、権威者含む）
- **否定的関係者**：非効果的な動きをするおそれのある関係者

❸ プロジェクト成功のために必要な調整事項やその内容と、調整相手となるステークホルダーの分析をもとに調整の戦略を立てることができている。特に調整の最終的な到達点に対してあらかじめ「腹づもり、落とし所」を含めていくつかの選択肢を準備することができている。
❹ ステークホルダーとの調整過程を分析し、より効果的な調整方法を組み立て、あきらめることなく結論に到達するまで信念をもって粘り強く調整を継続することができている。

2.4.3 判断力

1 ── 判断力の定義

適切な判断軸と解決オプションを想定したうえで、効果的なタイミングで意思決定を行う。

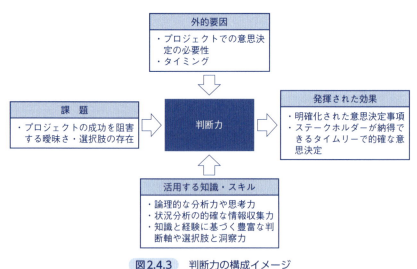

図2.4.3　判断力の構成イメージ

2 ── 判断力の深掘り

「判断力」は前述の「コンフリクトマネジメント」「関係調整力」と併せてPM実践力の「エフェクティブネス」を構成し、最終的に、ある答えを導き出し、ある事柄を決定できることである。プロジェクトにおける判断はプロジェクトで行うすべての意志決定であり一般的にいわれる「判断」と「決断」の両方の意味を含む。

判断力の意味は、「物事の真偽・善悪などを見極め、それについて自分の考えを定めること」である。必ずしも論理性や複数代替案の評価による客観的な決定だけではなく、むしろ「物事の真偽・善悪などを見極める」洞察力だといわれている。

ここで、PM実践力としての判断力は、プロジェクトが成功するように「正しい判断」ができることである。「正しい判断」とは上記のとおり、論理的に正しいといったことだけではなく、多くの経験に基づき、その状況に応じた「正解」を出せることであり、体験によって得た経験則と知的に学習した知識を総合して答えを導き出すことである。「正しい判断」は、結果的には「一番理にかなっている（理屈・理由づけができる）答えである。この「正しい判断」をする「判断力」は以下の3要素に分解できる。

- **タイミング**：今が判断するタイミングだということを認識できる。
- **状況分析**：正しい状況判断および分析ができる。
- **答え**：正しい結論を出せる。

3 ── 判断力の行動特性

❶ 知識的な学習と論理的な分析力・思考力を知的能力ベースとしてもち、かつ多くの経験に基づいた状況に応じたさまざまな判断軸や選択肢を提示することができている。

❷ 判断すべき事項に対して、影響範囲・波及範囲を含めた状況分析をするために、関係者からの情報収集や議論、場合によっては自ら現状を観察・調査するなどして、状況を把握したうえで答えを出すことができている。

❸ そして、結果として出す答えは関係者からの賛同、納得を得ることが

できている。
❹ 判断すべき事項とタイミングを的確に認識でき、その時点で最良の結果を導き出す方法を決定することができている。

2.5

【認知力】

定義 プロジェクトを俯瞰的に捉え、問題を認識するとともに適切に課題を解決する。

説明 「認知」とは、対象の意味を含めて認識するという意味である。認知力は、情報収集や問題発見、課題解決の一連の行動からなり、プロジェクト開始から終了まであらゆる状況や課題、問題に対して常に発揮される。

プロジェクトは未知や複雑な問題を扱う不確実な関係の中の活動である。やること(目的、期限、期待(投資や効果など))が決まっているのが前提だが、実際は明確でない種々の制約条件や潜在的要求など、暗黙知の要求事項が含まれている。暗黙知も含めプロジェクトのコンテキストを認知することがプロジェクトマネジャーの第一の役目となる。

認知力は期待を達成するために、全体的視点で常にプロジェクトを捉え、実行段階においてもプロジェクトの成功に影響を与えるさまざまな事象を「認知」し、課題を解決していく実践力である。

認知力は次の四つで構成されている。
・全体的(戦略的)視点
・情報収集
・問題発見力
・課題解決力

2.5.1 全体的(戦略的)視点

1 ── 全体的(戦略的)視点の定義

さまざまな事象を捉える際に、自分の所属している組織、短期的な視点やメリットなどの狭い範囲ではなく、すべての関係者や組織の視点、中長期的

視点、創造的視点をもった俯瞰的な捉え方を行う。

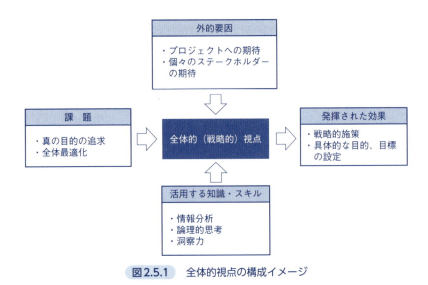

図2.5.1　全体的視点の構成イメージ

2 ── 全体的（戦略的）視点の深掘り

　全体的視点とは、プロジェクトの生まれた背景や置かれている環境、およびすべてのステークホルダーの期待を踏まえてプロジェクトの全体像を把握し、何をすべきかを常に意識してプロジェクト活動の実態をみることといえる。

　プロジェクトに課せられた期待を実現するために、価値や効果の最大化を追求する中でトレードオフやコンフリクトといった複雑な問題を伴うことがあるが、真の目的を追求し、俯瞰的に問題を捉え細分化し、全体最適を目指した解決レベルを見極め、新たな発想も取り入れ解決していく。これら一連の活動には、問題、課題の解決に向けた全体的視点の活用が求められる。

　決定した内容により、完成したときの姿・形を洞察し、期待に応えているか否かを見抜くことが必要になる。

3 ── 全体的（戦略的）視点の行動特性

　❶　プロジェクトの期待を実現するために、コンテキストを理解し、全体

関係と構造を洞察することができている。
❷ プロジェクトを成功させるために、実態を把握し、真の目的に沿って新たな発想も取り入れ、全体最適を目指した解決手段を展開することができている。
❸ 問題に対しては、事態を論理的に推察し、真の問題を発見して解決策を導出することができている。

2.5.2 情報収集

1 ── 情報収集の定義

あらゆる情報源や入手ルート、収集手段を活用し、プロジェクトの遂行やさまざまな意思決定で必要となる情報を早く正確に、かつ幅広く集める。

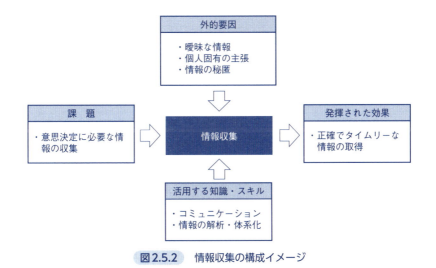

図2.5.2　情報収集の構成イメージ

2 ── 情報収集の深掘り

情報収集は、事態を正確に把握し、そこから行動の指針を読み解くために行う。

情報収集には、まずは知る意欲をもつことが重要といえ、日常活動のなか

で自分がかかえる問題・課題との関係性や状況の変化を察知する意識をもっておく必要がある。

　情報にはプロジェクト計画書などであらかじめ定義された情報と、プロジェクトマネジャー個人が扱うさまざまな情報があり、会議や報告、コミュニケーション、観察、調査・閲覧などの情報源を幅広く確立し、必要な情報の洩れや誤りがないように収集する。また、チーム内の情報だけでなく、ステークホルダーや業界の情報についても関心をもち、収集する。なお、一方で他から情報を提供してもらったり、得やすくしたりするために、人の話は傾聴し、話しやすい、聴いてくれると感じさせたり、こちらからも情報を提供したりして、良好な人間関係を構築しておくことも大事になってくる。

　情報がもたらす影響を把握するために情報の関連性を知る必要があるが、気づきなどの経験則や因果関係などの論理（モデル）を用いて、情報の意味を知り、全体的視点で体系的に情報を把握する。

3 ── 情報収集の行動特性

❶ 知りたい意欲をもち、広範な入手ルートを活用し、さまざまな情報の収集・蓄積ができている。
❷ 情報の意味を知り、行動に結びつけることができるように、正確な情報の収集・蓄積ができている。
❸ 全体的視点で情報を体系化し、不足・関連する情報も収集・蓄積し、組み立てることができている。
❹ 蓄積された情報と意思決定に必要な知識の組み合わせにより、適切な行動に結びつけることができている。

情報収集の行動特性を発揮するときの基本的な行動を、図2.5.3に示す。

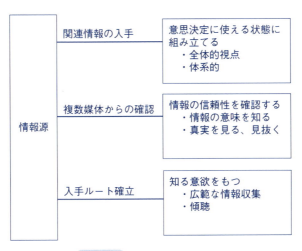

図2.5.3 情報収集の行動体系

2.5.3 問題発見力

1 ── 問題発見力の定義

収集した情報を分析・評価し、プロジェクトを成功させるために解決すべき問題や課題、リスクを早期に予知、発見する。

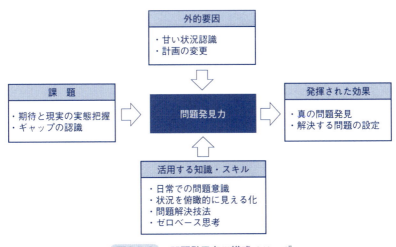

図2.5.4 問題発見力の構成イメージ

2 ── 問題発見力の深掘り

　問題発見力は、状況的問題の把握とそこから真の原因を見つけ出すために発揮される実践力と捉えることができる。
　「問題とは、期待と現実のギャップである」といわれている。
　期待には明示的な情報、暗示的な情報があるが、コンテキストを理解し目的をしっかり把握し、洩れなく期待を示す情報として組み立てる必要がある。一方、環境などの変化によりプロジェクトへの要求変更が発生することで、期待そのものも変更になり、当初の計画に影響を与えるケースも発生する。要求変更に対して、関係性をよく見定め影響が大きい場合は「問題」として捉え、変更管理と連動して対応することになる。
　現実を示す情報としては数値、文言、図、情景、伝聞といった情報があるが、曖昧性と複雑性を内在していることが多いので、問題につながる気づきや真の問題原因を発見できるように現実を正しく描写した情報に落とし込む必要がある。
　問題は期待と現実の比較において発見できるが、常に幅広く問題意識をもって情報に接する習慣によって問題発見力を高めることができる。また、思い込みや慣習を排除し、創造や新たな視点を取り入れて問題の本質を見抜く力や、問題を解きほぐし単純化し解が出せるように落とし込む力が発揮できるように、常日頃から「考える力」を鍛錬しておくことが求められる。
　真の問題の探求には種々の問題解決技法の活用が考えられるが、問題の性質によって使い分けるのは当然ながら、使いこなし、探求過程を「見える化」することで正確な問題把握を効率的に行うことができる。この技法として、トヨタ自動車のカイゼン活動における「なぜなぜ5回」などは有名である。
　また、プロジェクトを進めるうえで、日常的に発生しやすいQCD（品質、コスト、納期）に直接影響を与える問題に対しては、生産性向上や品質向上の手法・技法が進化している。また、期待値を指標化して実績との対比を行いやすくし、プロジェクトの問題を早く、正確に発見するための「プロジェクトの見える化」についての研究も進んでいる。

3 ── 問題発見力の行動特性

❶　期待と現実の全容を見極め、本質的な要因・原因の解析ができている。
❷　問題の事例や種々の技法などの活用ができ、ひらめきや推察も加えて、

潜在的な問題も含め問題発見ができている。
- ❸ 関係者間で問題に関する情報の公開と共有ができている。
- ❹ 思い込みや慣習を排除し、緻密に現実を直視したうえで事実を積み上げて問題を把握し、真の原因を見つけ出すことができている。

2.5.4 課題解決力

1 ── 課題解決力の定義

発見された問題から、プロジェクトにおける問題や課題を整理し、影響や効果を総合的に評価して解決レベルを見極め、課題解決策を決定・実行し、課題を解決する。

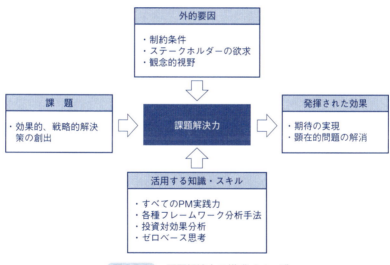

図2.5.5　課題解決力の構成イメージ

2 ── 課題解決力の深掘り

「課題」は、発見型問題を指すことが多いが、ここでは「発見された問題のうちプロジェクトで解決すべきものとして抽出された問題」を指す。「課題解決力」は問題を解決するために必要な課題を設定し解決するプロセスで

発揮される実践力といえるが、PM実践力のすべてを発揮するプロセスともいえる。

この段階では問題の真の原因が究明できており、形式知の範囲で解決できる問題については期待の実現レベルを決め、実施すべき解決策を決定・実施することになる。

未知（暗黙知）の問題を解決するには、専門家の召集、事例研究、実態調査などを通して形式知化し、実現性、採算性、影響、タイミング、効果などを勘案し、解決策を模索する。なお、期待の実現度を高めるためにアイデア創出の段階において、ステークホルダーからさまざまな角度の考えを広く集め、傾聴し、考察することが重要になってくる。

解決策の選定においては、従来の観念に固執せずに、プロジェクトの目的を完遂するために新たな発想や大局的見地といった戦略的な発想を加えて判定することが要求される。

なお、解決策はプロトタイピングやRADなどの開発手法を駆使し仮説検証するとともに、代替策も準備しておくことが必要になる。また、解決策を品質として捉え、品質機能展開（QFD：JIS Q 9025：2003）や製品およびサービスの品質評価を示した品質特性・副特性（ISO/IEC 25000シリーズなど）を活用し関係性や網羅性を検証することも必要になってくる。

解決策については、目的の達成度や関係者・組織の要求の満足度を評価し、ステークホルダーに説明する義務も発生する。

決定した解決策をプロジェクト計画へ反映し着実に課題を解決することになる。また、実施にあたってはフォローも行い、完了を見届ける必要がある。

3 ── 課題解決力の行動特性

① PM実践力のすべてを、状況に応じて適正に発揮することができている。
② 解決策は新たな視点や、さまざまな考えをもとに考察し、目的に沿った解決策を創出することができている。
③ 解決策はさまざまな状況下で仮説検証を行い、確実化することができている。
④ 解決策はステークホルダーへ説明し、承認を得て決定することができている。
⑤ 解決策を着実に実現し、その結果を確認することができている。

2.6 【自己規律】

定義 責任、多様性、公正、実直の考えをもって倫理的な行動に基づき、プロフェッショナルとして卓越したプロジェクトマネジメントを遂行する。

説明 自己規律は、プロジェクトの目的を達成するためにどんな困難な状況にあってもあきらめずに使命感をもってプロジェクトを完遂すること、善悪・正邪の判断において普遍的な規準や法律を遵守する姿勢を貫くこと、そして国籍、文化、習慣などの違いからくるさまざまな考え方を認め、それを尊重し、適切で、柔軟な行動をとる実践力である。この実践力は、プロフェッショナルなプロジェクトマネジャーの根幹となるものである。

自己規律は以下の三つで構成されている。
・責任感
・倫理観・誠実性
・多様性の尊重

2.6.1 責任感

1 ── 責任感の定義

自分に与えられた仕事や役割、達成すべきゴールに向けて強い使命感・こだわりをもって最後まで成し遂げる。

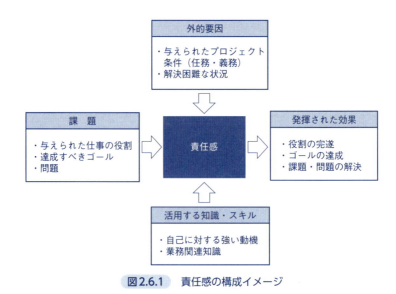

図2.6.1 責任感の構成イメージ

2 ──責任感の深掘り

　責任とは、「自分が引き受けて行わなければならない任務、義務」である。この言葉を使えば、責任感とは「自分が引き受けて行わなければならない任務、義務を果たそうという強い意志」である。

　任務や義務を果たすという意志とは、ただ実行するということだけではなく、結果として完成させる、成功させるといった結果責任的な意味が含まれている。別の言い方をすれば、引き受けた仕事（プロジェクト）を自らの問題と捉えて完遂させるという自己に対する強い動機である。

　この責任感の根底をなすものは、約束を絶対に守るという意思である。絶対に守るという意味は、たとえ不測の事態が発生しても、最大限の工夫や努力をして新たな道筋や解決策を探し、答えを出すといった達成志向型の意思である。例えば、遅刻が絶対に許されない約束では、30分以上前に着くとか、代替のルートを準備するなどである。人と対する場合は、事実に基づいて話をする。これは、不用意な発言や憶測に基づいた断定的な表現が、相手に過度な期待または不安を募らせることになり、決して良くないことだと考えるためである。リップサービスのような、相手にとって心地よい言葉が、必ずしも相手やプロジェクト成功のためになるのではないと考え、必要ならば「ノー」

と言う勇気をもつ。
　ただし、約束を完遂することが第一と考えるため問題解決が不可能と思われるような局面においても、いろいろなアイデアを出し常に前向きな姿勢を貫く。また、場合によっては事を成し遂げるために、既成のルールや組織の壁を越えた考え方や行動をとる。そのために、普段から周りに対してアンテナを張り、関係者の意見も十分に収集する。そして状況分析に基づいて目標達成のための段取りを素早く組み立て、自らの判断・決断力で行動に移す。

3 ── 責任感の行動特性

❶ 自分に与えられた仕事や役割、達成すべきゴールに向けて強い使命感・意志をもって最後まで成し遂げることができている。
❷ 事を必ず成就させたいという強い意志と願望をもって行動することができている。
❸ 事を成し遂げるために、既成のルールや組織の壁を越えた考え方や行動をすることができている。
❹ たとえどんな状況でも逃げず、あきらめず、目標達成のためにあらゆる努力をすることができている。
❺ 課題、問題の解決にあたっては、さまざまな解決策を模索し、対処することができている。

2.6.2 倫理観・誠実性

1 ── 倫理観・誠実性の定義

　善悪・正邪の判断において、普遍的な規準をもっているとともに、法律をはじめ社会的なルールを熟知し、自分自身が業務遂行する際にも、いかなるときでも厳格に遵守する姿勢を示す。

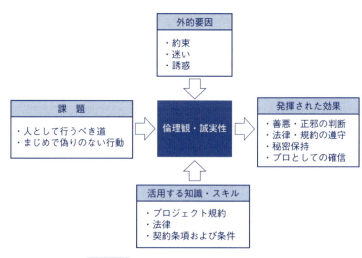

図2.6.2　倫理観・誠実性の構成イメージ

2 ── 倫理観・誠実性の深掘り

　倫理観・誠実性は、プロジェクトのみならずあらゆる業務遂行での根幹を成すものである。とくに、この要素なしにプロフェッショナルといえるプロジェクトマネジャーを語ることはできない。

　倫理観と誠実性を辞書で確認すると、以下のような定義となっている。

◇倫理観
　倫理：人のふみ行うべき道（宇野哲人 編「広辞典 第5版」（集英社）より）
　　　：人のふみ行うべき道。人間関係や秩序を保持する道徳。（第二版編集委員会・小学館国語辞典編集部編「日本国語大辞典 第二版」（小学館）より）
◇誠実性
　誠実：まじめで偽りのないこと（宇野哲人 編「広辞典 第5版」（集英社）より）
　　　：まごころがあってまじめなこと。「誠実な人がら」（第二版編集委員会・小学館国語辞典編集部編「日本国語大辞典 第二版」（小学館）より）

つまり、人として行うべき道を、まじめに偽りなく行うことができる人が、倫理観をもち、誠実な人といえる。

ここで、倫理観・誠実性に関するいくつかの先行事例を確認する。

PMI（Project Management Institute）の倫理規定は責任、尊敬、公正、誠実で構成されており、PMCDF（プロジェクト・マネジャー・コンピテンシー開発体系）には、「プロ意識−誠実さをもって行動する」の説明に五つのパフォーマンス基準が記載されている。

技術士会の規定では、公衆の利益の優先、持続可能性の確保、有能性の重視、真実性の確保、公正かつ誠実な履行、秘密の保持、信用の保持、相互の協力、法規の遵守等、継続研鑽の10項目を規定している。

その他、日本機械学会倫理規定、弁護士職務基本規程、国際コーチ連盟倫理規定などがある。

まとめてみると、倫理観と誠実性は、善悪・正邪の判断において普遍的な規準をもってあらゆる事象や場面において自己の意識や感情を抑えることができ、社会の基準である法律の遵守は当然であるが、プロジェクトのステークホルダーに対しても公平かつ誠実に対応することのできるプロのプロジェクトマネジャーのもつ特性といえる。

3 —— 倫理観・誠実性の行動特性

❶ 善悪・正邪の判断において普遍的な規準をもって、その責任性を理解・認識し、その考えをメンバーやステークホルダーに理解させることができている。

❷ プロジェクト活動に関連する法律を熟知し、その遵守する姿勢と行動ができている。

❸ 現実をあるがままに理解し、自らに都合の悪いことも含めて、真実を客観的に捉えて、意思決定することで、公平な態度で行動できている。

❹ プロジェクトにおいて知り得た情報の秘密保持および適切な知的財産の活用ができている。

❺ このような行動ができるように、常に自らの力量ならびに社会に接する領域の知識を高めるとともに、メンバーの人材育成に努める行動ができている。

2.6.3 多様性の尊重

1 — 多様性の尊重の定義

国籍、文化、価値観などの違いからくるさまざまな考え方やスタイルの違いを尊重し、それらを考慮した適切かつ柔軟性をもった行動をとる。

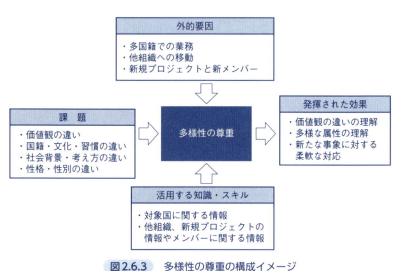

図2.6.3　多様性の尊重の構成イメージ

2 — 多様性の深掘り

多様性とは、個人や集団の間で価値観やプロジェクトに与えられた場や状況などによって違いを生み出す可能性のある要素すべてと捉える。例えば、人種、性別、宗教、国籍、年齢、障害、社会的背景、生き方、考え方、性格、態度、嗜好などであるが、これら以外にもさまざまな多様性の要素がある。

また、個人や集団間に存在するさまざまな個々の「違い」を受け入れ、認め、生かしていくこと（ダイバーシティ・マネジメント）も多様性の一つである。

宗教やビジネス文化の違う海外にてプロジェクトを行う場合は、現地の慣習や宗教との違いで戸惑うことがある。このような場合は現地の慣習を尊重

しつつ、職場の規律は維持することが重要である。日本人は宗教的に敬虔とはいえず、他国の人の宗教心に無理解であることが多い。また、海外ではビジネス習慣においても時間を守らないことやお金の貸し借りにルーズであるなど、そのほか日本では当然と思うことでのトラブルが多く発生する。

このような場合は宗教についてはその習慣に従い、時間やそのほかのビジネス習慣については時間をかけて正すべきところは正し、そうでないところは現地の習慣に合わせるといった柔軟性が必要となる。

よって、日本の習慣や規律に固執せずに違いを越えた共通点を見いだすことが重要である。そのためには行動範囲を広げ、いろいろな経験を重ねることで自分の視野を広くしていくことが必要である。

具体的な理解を深めるために以下に事例を示す。

【事例1】PMCDFにみる多様性

プロジェクト・マネジャー・コンピテンシー開発体系 第2版（PMCDF-E2）では、多様性については、「人格コンピテンス―プロ意識―多様な要員をマネジメントする」に記載されている。

パフォーマンス基準としては、以下の4点が挙げられる。

- プロジェクト環境内での信用と尊敬の要素の向上
- 文化的、法的要求事項、および道徳的価値観をチームとして遵守することの保証
- 個人、倫理、および文化の相異の尊重
- 信頼の環境づくり、個人差異の尊重

【事例2】いま求められる「ダイバーシティ・マネジメント」

「人事マネジメント「解体新書」」では次のように記載されている。

❶多様性の捉え方

〈「属性」の違い〉

- ジェンダー（性別）の違い：「男性」⇔「女性」
- 身体状況の違い：「健常者」⇔「障害者」
- 人種・国籍・民族・宗教の違い
- 世代の違い：「高齢者」⇔「若年者」

〈「働く条件」の多様性〉

- **働き方の多様性**：在宅勤務、短時間勤務、フレックスタイム、育児休業・介護休業の取得など
- **雇用形態の多様性**：正社員、契約社員、派遣社員、アルバイト・パート社員、再雇用制度など
- **働く場所の多様性**：在宅、地域限定社員、転勤前提の正社員など

❷多様性をもつ組織の強さ

- 「同質」だけでは実現することが難しい労働力の確保や、従業員の働きがい・生きがいの向上、さらには、新たな発想や価値の創造などが実現できる。
- 均質な人材から構成される組織より、多様な人材がいる組織のほうが、さまざまな面でリスクを軽減できる。
- 変化が激しく先の読みにくい時代にあって、スピーディに対応していくためにも、組織内部に多様な人材がいることが不可欠。

❸アメリカ企業の例にみられるようなダイバーシティにおける企業の「発展段階」
（ダイバーシティ問題に詳しい谷口真美・早稲田大学大学院商学研究科教授による）

ステップ1：抵抗（Resistance）〜違いを拒否する
ステップ2：同化（雇用機会均等／Equal Opportunities）〜違いを同化させる、違いを無視する、防衛的
ステップ3：分離（Value Difference／違いに価値を置く）〜違いを認める、適応的
ステップ4：統合（Diversity Management／ダイバーシティ・マネジメント）〜違いを活かす、競争優位につなげる、戦略的

❹ 多様性を活かすポイント

- トップからのメッセージ
- 「価値観」で統合を図る
- コミュニケーションと意思決定のしくみづくり
- 混乱や衝突に対応できるしくみづくり
- ダイバーシティを「評価項目」に入れる
- ミドルマネジメントの重要性
- 「多様なキャリアパス」を示す

【事例3】企業パフォーマンスを上げるためのダイバーシティ・マネジメント

有限会社アパショナータ代表パク・スックチャ氏は、ダイバーシティ・マネジメントの基本的な考え方として次のように述べている（東洋経済、2011年1月7日号）。

❶ 個々人の「違い・異質なこと」を認め受け入れ、それらの違いに価値を見つけること。
❷ 多様な社員の能力、アイデア、経験や視点をベストに活用することによって組織に貢献できるようにすること。
❸ 評価では、仕事に関係のない性別、国籍や価値観などにとらわれず個人の能力や実績だけを考慮すること。

3 ── 多様性の行動特性

❶ プロジェクトマネジャーが、与えられたプロジェクトの多様性を理解・認識し、プロジェクト遂行上での問題や価値観の違いをメンバーやステークホルダーに理解させ、示すことができている。
❷ 多様な属性を受容したコミュニケーションや意志決定のしくみづくり、混乱や衝突に対応できるコミュニケーションや意志決定のしくみをつくることができている。
❸ 役割分担と行動基準を構築する際に、「働く条件」の多様性の認識と活用を考慮することができている。
❹ 性別、国籍や価値観などにとらわれず個人の能力や実績だけで評価することができている。

Note

事例からPM実践力を学ぶ

事例1	ステークホルダーが対立。客観的基準と本音が言える環境づくりでクリア　保険会社のWebシステムの要求定義
事例2	ステークホルダーのうまい巻き込みが、プロジェクト成功の秘訣　販売在庫管理システムの更改プロジェクト
事例3	要件定義はプロジェクト成功の要。認知力で乗り切れ　生産管理システム再構築プロジェクト
事例4	愚直なプロジェクトマネジメントが成功のカギ　システム基盤刷新プロジェクト
事例5	利益追求だけのプロジェクトは成功しない。責任感とコミュニケーションのバランスが不可欠　共同金融システム構築
事例6	プロジェクトマネジャーの状況判断がすべてを決める　海外金融システム開発
事例7	単純な試験作業を楽しみに変え、メンバーのやる気を引き出す。人の気持ちのマネジメント　携帯電話決済サービスの総合試験プロジェクト
事例8	先の見えないプロジェクト、ネバーギブアップ。窮すれば通ず　営業店システムの開発プロジェクト
事例9	ビジョンを描けないリーダーは、プロジェクトを動かすことはできない　受託システム開発プロジェクト
事例10	プロジェクトでのコンフリクトは、早期の相互情報開示が効果的。争点を明確にして合意形成へ　物流システム開発プロジェクト
事例11	多様なメンバーの理解と尊重、そして自らの積極行動で、プロジェクトは成功する　大規模電気通信設備の多国籍プロジェクト

表 事例と実践力項目の対応

事例No.	事例名	コミュニケーティング	
		コミュニケーション	ネゴシエーション
1	ステークホルダーが対立。客観的基準と本音が言える環境づくりでクリア		○
2	ステークホルダーのうまい巻き込みが、プロジェクト成功の秘訣	○	○
3	要件定義はプロジェクト成功の要。認知力で乗り切れ		
4	愚直なプロジェクトマネジメントが成功のカギ		
5	利益追求だけのプロジェクトは成功しない。責任感とコミュニケーションのバランスが不可欠	○	
6	プロジェクトマネジャーの状況判断がすべてを決める	○	○
7	単純な試験作業を楽しみに変え、メンバーのやる気を引き出す。人の気持ちのマネジメント		
8	先の見えないプロジェクト、ネバーギブアップ。窮すれば通ず		
9	ビジョンを描けないリーダーは、プロジェクトを動かすことはできない	○	
10	プロジェクトでのコンフリクトは、早期の相互情報開示が効果的。争点を明確にして合意形成へ		○
11	多様なメンバーの理解と尊重、そして自らの積極行動で、プロジェクトは成功する	○	○

表 (続き)

ビジョニング	チーム活性力	率先垂範	動機づけ	計画性	モニタリングとコントロール	コンフリクトマネジメント	関係調整力	判断力	全体的(戦略的)視点	情報収集	問題発見力	課題解決力	責任感	倫理観・誠実性	多様性の尊重
○			○			○	○	○	○	○	○	○	○		○
										○	○	○			
				○	○										
							○						○	○	
							○	○					○		
○	○		○							○	○	○			
	○	○	○										○		
				○	○										
						○									
	○	○			○	○	○	○	○	○	○				○

リーディング: ビジョニング / チーム活性力 / 率先垂範 / 動機づけ
マネージング: 計画性 / モニタリングとコントロール
エフェクティブネス: コンフリクトマネジメント / 関係調整力 / 判断力
認知力: 全体的(戦略的)視点 / 情報収集 / 問題発見力 / 課題解決力
自己規律: 責任感 / 倫理観・誠実性 / 多様性の尊重

ステークホルダーが対立。客観的基準と本音が言える環境づくりでクリア

保険会社のWEBシステムの要求定義

 背景と状況

1.1 新サービスの検討

　A社は、大手の保険会社である。これまでは社員による個別の提案を行う丁寧な対応により、業界でも有数の保険契約数を誇ってきた。しかし昨今では外資系の保険会社を中心として、インターネットを活用した、利便性に富み、安価な保険サービスの提供により、契約件数や金額が減少を続けている。

　A社では、独自性をもったインターネットによる保険サービスの提供を目指して、新規システムの開発を行うことになった。インターネットによる保険サービスの提供を担当する部門から、当該プロジェクトの責任者として、X氏が任命され、関連する部門からもユーザ部門の代表者が参画することになった。

　さらにA社は、既存のシステムを構築してきたB社に対して、当該システムの構築の発注を前提に要求仕様書の検討の支援依頼を行うことにして、この部分をSES（システムエンジニアリングサービス）契約にて発注した。B社は、システム構築の受注を目指して、要求仕様の検討の支援依頼を受託することとし、保険業界に詳しいY氏がコンサルタントとして、対応することになった。

　要求仕様定義の作業が始まり、A社のX氏を中心として、関連部門のメンバーより、要求事項が提示され、Y氏はこれらの要求事項を取りまとめる形で、要求仕様の定義を行った。各部門からの要求には矛盾する点もあり、ユーザ部門の調整には難しい面もあったが、A社の責任者であるX氏は、Y氏が保険業界に詳しいことを認識していたので、自ら調整を行うのではなく、Y氏に部門間の調整を任せた。Y氏は、積極的に調整活動を行って、何とか要求仕様書をまとめ上げた。

1.2 要件定義が錯綜

　Y氏の活動の成果が認められて、当該システムの構築もB社が受注するこ

とになり、システム構築プロジェクトが立ち上がった。このプロジェクトは、既存のシステムのプロジェクトマネジャー（PM）であるZ氏が担当することになり、要件定義に取りかかった。

Z氏は、要求仕様書の内容に基づいて、要件定義書（案）をまとめ、A社の責任者であるX氏を通じて、関連部門に確認を依頼した。

関連部門からは、インターネットでの申込みは今までのように人による対応ができないので、入力誤りや書類の不備などが生じる可能性があり、このような事態に対応するための業務面の改善や関連するシステムへの影響もあるので、システム面の検討が必要であるとのコメントが入った。さらに一部の部門からは、要求したはずの機能が反映されていないとの声も上がった。

Z氏は、X氏に要求仕様書の内容に従って要件定義書（案）を作成したにもかかわらずこのようなコメントが入るのはなぜなのかを確認した。X氏によると、要求仕様は、各部門の要求をまとめたもので、システムの要件に落とし込むのはベンダー側の役割ではないのか。また要求の部門間調整は、Y氏が実施したので、詳細なところはわからないということであった。

そこで、Y氏にもヒアリングしたところ、確かに部門間調整は、Y氏が行ったが、時間がなかったこともあり、詳細部分の調整は十分には行えていない。また最終的にはA社のX氏にも承認をもらっており、特に問題はないのではないかということであった。

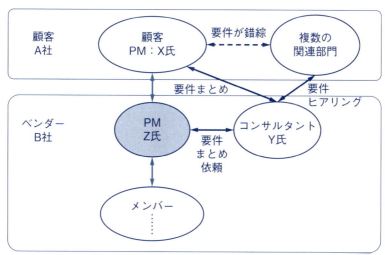

事例1　ステークホルダー関連図

プロジェクトの推移（①実践力を十分に発揮できなかったケース）

SCENE 1 要件定義の確認

　Z氏は、このままの状態で要件定義をまとめることは危険であると判断し、X氏に要件定義を確認するための要件検討会議の設定を依頼し、関連者が集まる会議の場で、要件定義の確認を行うこととした。

　第1回の要件検討会議において、作成済みの要件定義書（案）に、関連部門からさまざまな追加要求が出た。業務面への影響に加えて、支払いやコールセンターなどの他のシステムにも影響する要求、さらに一部提示した画面イメージや帳票イメージについて、入力項目や操作方法などの細かな要求も出た。

　検討会議の中で、部門ごとの要求の確認を行い、要件に齟齬が出る内容などの調整を行うとともに、会議参加者では決められない点については、もち帰って確認を行ってもらうことにした。Z氏は、追加要求は出ているものの正式の会議で検討し、調整事項については部門でもち帰って確認してもらうことになったので、次回の要件検討会議でまとめられると考えた。

SCENE 2 利用部門との要件の調整

　第2回の要件検討会議では、第1回の要件検討会議の懸案事項についての検討結果を報告してもらった。いくつかの項目については、決定できない項目もあるということだったので、可能な項目について、最終決定を行い、他の項目は次回の検討でまとめることとした。参加者からは、詳細に検討したところ、さらに追加機能の要求が出たことや画面や帳票については、実際に使用する担当者からの複数の要求が出ているとのことであった。利用部門間で、要求が相反する項目もあり、調整の議論では、相互に自部門の要求を主張し合う形になり、結論を出すことができなかった。

　そこで、Z氏は、残った懸案事項は、各部門でもち帰って、要求事項に優先順位をつけてもらい、第3回の最終要件検討会議で決定することとした。さらに追加の詳細な要求については、外部設計の際に検討することとし、

X氏と次回の要件検討会議での取りまとめを確認した。

SCENE 3　未決定事項が残る要件定義

第3回の要件検討会議でも、追加の要求が出るとともに、懸案事項についても、いくつかの未決定事項が残った。Z氏は、スケジュールが迫っていることもあり、追加の要求事項は、次の工程以降で可能なものは取り込むこととして、現在決定できている要求に基づいて、要件定義をいったんまとめて、要件定義書とすることをX氏に提案して、了承を得た。

SCENE 4　膨らんだ要求によるトラブルの発生

その後、外部設計、内部設計、開発と進んだ。工程が進むにつれて、詳細な追加要求が出た。Z氏はX氏と協力して、何とか調整を行って、開発を進めた。しかし、膨らんだ要求に対応できず、システムの利用開始が遅れるとともに、システム利用開始後にさまざまなトラブルが出てしまった。何とか運用は行えているものの、システムの改修は続いており、いまだにトラブルがなくならない状況である。

③ プロジェクトの推移（②卓越した実践力を発揮できたケース）

SCENE 1　要件検討会議を効果的に進めるには

Z氏は、このままの状態で要件定義をまとめることは危険であると判断し、X氏に要件定義を確認するための要件検討会議の設定を依頼し、関連者が集まる会議の場で、要件定義の確認を行うこととした。

要件検討会議を開くにあたって、いくつかの点で、事前にX氏との間で合意しておくべきことがあると考えて、以下のような視点から事前に調査を行い、資料を作成して、X氏と確認を行った。

▶ 要求が膨らみすぎる可能性があるので、優先順位づけの基準を設けておく。

▶利用部門間で要求に関する対立が起きる際にどのように対処するかを決めておく。
　▶関連する可能性があるシステムについての事前調査を行って、確認しておく。

　X氏からは、利用部門からの要求はできる限り受け入れてほしいが、今回のプロジェクトの目的である予定どおりのサービス開始のためには、要求の絞込みが必要であるとの言及があった。そこで、追加要求については、システムへの段階的な追加整備を進めることで合意した。

　第1回の要件検討会議では、冒頭に本システム導入の目的、目標の日程などについて、説明を行った。続いて、作成済みの要件定義書（案）を説明したところ、関連部門からさまざまな追加要求が出た。さらに業務面への影響に加えて、支払いやコールセンターなど他のシステムへも影響する要求、さらに一部提示した画面イメージや帳票イメージについて、入力項目や操作方法などの細かな要求も出た。

　そこで、検討会議の中で、部門ごとの要求の確認を行い、要件に齟齬が出る内容などの調整を行った。検討会議で調整ができない点については、もち帰って確認を行ってもらうことにした。その際に、事前に準備した優先順位づけの基準（評価項目と評価基準があり、要求ごとの評価項目の評点をつけることで、「必須の要求」「必要性がある要求」「あれば便利な要求」に区分できるもの）を提示したうえで、各部門ですべての要求事項の優先順位づけを行って、次回に提示してもらうように依頼した。

　第2回の要件検討会議にあたっては、事前に第1回の要件検討会議で出た要件が影響するシステム範囲やその要求にかかわるステークホルダー、これらの要求を実現するためのシステムの要件、想定される開発規模などを可能な範囲で整理した。

SCENE 2　要求事項の優先順位づけ

　第2回の要件検討会議では、まず、第1回の要件検討会議の懸案事項を中心に各部門から検討結果を報告してもらった。参加者によると、実際に使用する担当者からさらに複数の要求が出ているとのことであったが、先に提示した基準に従った要求の評価と優先順位づけは実施されていた。利用部門間

で、要求が相反する項目もあり、調整の議論では、相互に自部門の要求を主張し合う形になった。

そこで、各部門の要求について、評価項目に基づいた必要性の共有を十分に行うこと、および別途作成した要求事項の影響範囲分析やシステム要件、想定される開発規模の情報も共有した。さらに、事前に準備した全社としての基準に照らして、全社の要求事項の優先順位を策定することができた。

これらの要求事項の中から、今回の予算と照らし合わせて確認すると、「必須の要求」と「必要性のある要求」は、ほぼ実現できることが確認できた。ある部門から出された「あれば便利な要求」については、他部門の要求と関連があることが判明して、「必要性のある要求」に優先順位が上がったものもあった。逆に「必要性のある要求」が一部「あれば便利な要求」に優先順位が下がった部門からは、不満の声が上がったが、他の参加者から全体の優先順位をみると難しいのではないかという意見もあり、これらの要求も含めて、「あれば便利な要求」については、段階的な導入を検討することになった。

参加者には、この内容を各部門にもち帰ってもらい、確認をしてもらうことになった。さらに次回の要件検討会議では、Z氏が、今回決定した要求事項一覧に基づいて、要件定義書の案を作成して、提示することにした。

SCENE 3　要求と要件の対応づけ

第3回の要件検討会議では、前回の要求事項一覧について、各部門での確認内容を報告してもらった。一部の部門で追加の要求が出たが、「あれば便利な要求」レベルであるとのことで、要求事項一覧に追加を行った。さらにZ氏が作成した要件定義書の案を提示した。

この要件定義書には、先に決定した要求事項一覧表の要求と今回設定した要件定義書の要件との対応マトリックス（トレーサビリティマトリックス）も添付しており、利用部門の参加者が、自分の要求がどのように要件定義書に反映されたかも明確に示した。一部修正は発生したが、基本的に提示した要件定義書で承認されて、次の工程に進むことになった。ただし、今回盛り込めなかった要求に関しては、段階的な整備を目指して、継続して検討を進めることになった。

SCENE 4 熟慮された要件が、プロジェクトの成功確率を高める

その後、外部設計、内部設計、開発と進んだ。工程が進むにつれて、いくつかの詳細な追加要求が出たが、要求事項一覧表、トレーサビリティマトリックス、要件定義書に基づいて、Z氏はX氏と協力して、調整を行って、開発を進めた。この結果、予定どおりシステムの利用を開始することができた。システム利用開始後は、段階的導入部分を引き続き検討して、システムの改善を続けており、順調な稼動が続いている。

4 ── 発揮された実践力

プロジェクトにおいて、PMは、ステークホルダー間の対立に直面することがある。その際に相手の意見への攻撃は、互いの感情論になってしまい、合意形成ができず、強引な調整を行うと不満が残る。

SCENE 1 各部門の要求への対応

ケース①の場合 各部門の要求に対して、受け身で聞くだけになっており、最後は権限者による決定で強引に進めてしまっている。

ケース②の場合 事前に考えられる事象を想定して、優先順位づけの評価基準や、対立が生じた場合における評価基準を活用した対処方法などを検討し、交渉の場に臨んでいる。交渉にあたって、十分な事前準備を行うこと

で、ネゴシエーションの行動特性である「自分を知り、他人も知り、そして取り巻く環境も反映し、粘り強い意志をもって目標に向かって対応している」を実践しているといえる。

SCENE 2　ステークホルダーの意見の相違への対応

さらに、意見の相違が出た場合にも適切なコミュニケーション能力を発揮し、良好な関係を維持する。コミュニケーションを続けることで、状況に応じて柔軟に対応して、自らの不足している部分を理解し、対立する相手からも、なぜそのようなことを主張するのかの根拠やその確証を話させることで、自分が気づかなかったシステムを取り巻く環境に気づくこともできる。

ケース①の場合　相次ぐ要求に優先順位づけの依頼をするだけで、相互の調整を行うための案も提示できていない。

ケース②の場合　統一の評価基準を準備して、利用部門が統一の基準で要求を検討する環境を形成することに成功している。これによって、互いの状況の相互理解が進み、合意形成が容易になる。これはネゴシエーションの行動特性である「ネゴシエーティングでの過程ではそれぞれの言い分を吐き出させ、結果として双方が納得したWin―Winなものになる」を活用したものといえる。

SCENE 3　利用部門からの要求増大への対応

ケース①の場合　次々に要求事項が出て、未決のものも増大するも、とりあえずの対応で先に進んでしまっている。

ケース②の場合　要求事項と要件定義書の関連を示すトレーサビリティマトリックスを準備することで、利用部門の要求がどのようにシステムに反映されるのかを明確にし、利用部門の理解を進めている。これはネゴシエーションの行動特性である「適切なネゴシエーティングテクニックをもち、相手に不安・不快感を抱かせない方法で状況に応じて柔軟に対応している」を活用しているといえる。

SCENE 4 さらに拡大する追加要求への対応

ケース①の場合　さらなる追加要求も出て、収拾がつかない状況になってしまっている。

ケース②の場合　このように交渉の過程で、それぞれの言い分を吐き出させることが重要であり、新たな解決策が生まれる可能性がある。PMは、いかなる場合でも相手を説得するのではなく、論理的に議論を続けることで、結果として双方が納得したWin-Winの解決策を生み出すことが必要である。

成功のための処方箋

要件定義では、複数のステークホルダーの要求が錯綜し、収拾がつかなくなることがある。このような場面では、それぞれの要求を整理したうえで、双方が納得した形での推進が必要になる。

1. 適切なコミュニケーション能力をもち、自分を知り、他人も知り、そして取り巻く環境も反映し、相手先からの要望を事前に察知して、対応を行っている。
2. ネゴシエーティングでの過程ではそれぞれの言い分を吐き出させ、結果として双方が納得したWin-Winなものになるように優先順位づけを行っている。
3. 要求の実現に向けて、論理的な説明を行える手法と適切なネゴシエーティングテクニックをもち、相手に不安・不快感を抱かせない方法で状況に応じて柔軟に対応している。
4. 続出する要求にも、単に相手を説得するのではなく、論理的に議論を続けることで、結果として双方が納得したWin-Winの解決策を生み出すことができている。

事例 2

ステークホルダーの うまい巻き込みが、 プロジェクト成功の秘訣

販売在庫管理システムの更改プロジェクト

1 —— 背景と状況

1.1　20年運用したシステムはブラックボックス化していた

　現行の販売在庫管理システムは、メインフレームを利用し、開発言語にCOBOLを使用し、20年前に運用を始めたレガシーシステムであった。

　この20年間で制度の改正や、業務フローの見直し、決済方法の変更など、仕様追加や変更が度々あったが、それらはすべて設計ドキュメントなどに必ずしも反映されていない状況でシステムはブラックボックス化していた。さらに、開発当時のメンバーもほとんど残っていない状況であった。

1.2　会社の最重要プロジェクト。集まったメンバーはすべて社内精鋭

　本プロジェクトは、このシステムを最新のアーキテクチャへ更改するもので、会社の最重要プロジェクトに位置づけられた。そして、開発チームのメンバーには、オープン製品の技術に精通した社内精鋭の社員が集められた。

　現行システムを維持管理する情報システム部門の責任者は、システム開発における関連部局の情報共有の重要性を十分に理解していたので、本プロジェクトの発足にあたり開発を行うチームに対し現行システムに関するあらゆる情報を提供した。

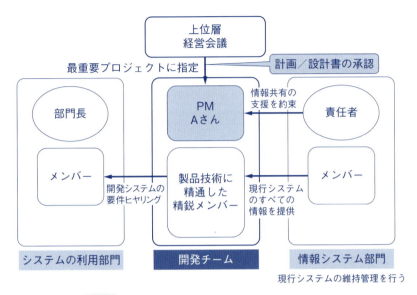

事例2　PM Aさんを取り巻くステークホルダー関連図

② プロジェクトの推移（①実践力を十分に発揮できなかったケース）

SCENE 1　利用部門に全員でヒアリングし要件定義をまとめる

　開発チームのプロジェクトマネジャー（PM）に指名されたAさんは、情報システム部門から得られた情報に加え、実際の利用部門に対して独自のヒアリングを行うよう計画した。そして、会社が集めたオープン製品の技術に精通した開発メンバー全員にヒアリングを実施させ、これを要件定義の参照資料としてまとめた。

SCENE 2　まとめた要件をもとに開発計画書は完成し、経営会議で承認

　要件定義をもとに、概要設計2か月＋設計〜総合試験12か月、総合運転試験2か月の16か月で運用開始とする開発計画書を作成し、経営会議で了承された。

SCENE 3　精鋭メンバーの設計作業は順調に進み、計画どおり設計完了

　開発メンバーは、最新のオープンアーキテクチャを駆使した新システムの概要設計書を予定どおり1.5か月で完成させ、情報システム部門とのレビューにおいてもほとんど問題指摘やコメントのない完成度の高い概要設計書を完成させた。これらの仕事ぶりを目のあたりにしたPMのAさんはさすがに会社が選んだ精鋭の技術者達であると実感した。

　開発チームは、概要設計書の全体レビューの前に確認したい事項が発生した場合は、その都度、標準化した問合せルールに基づいて情報システム部門とすり合わせを行っていた。その結果、個別の課題事項は情報システム部とのレビュー前にほぼ了解されていた。また、スケジュールや予算も、情報システム部門を通じて調整が完了しており、すでに製造以降の開発を発注する予定の開発会社にも先行して声をかけ、概要設計書を提示していた。

SCENE 4　オーソライズ直前に、運用部門から設計書にクレーム

　しかし、最終的に概要設計書を社内でオーソライズする段階になって、利用部門の部門長よりクレームが上がってきた。その理由は、次のようなものである。

- ・現行システムとの相違点が概要設計書では理解できず、提案された概要設計で良いのか判断がつかない。
- ・利用部門の班長が、先日のヒアリングで要望したことが反映されておらず、これでは使えないと言っている。

　結局、利用部門の承認が得られないということで、経営者も判断を先延ばしし、PMのAさんは、その原因究明と対応策を出すようにとの宿題をもらってしまった。

SCENE 5 やることやったはず、とAさん。でもプロジェクトは崩壊

　Aさんは、自分はPMとしてはやるべきことをすべてやったと考えていた。情報システム部との調整はすべて順調に運んだし、経営会議のメンバーも了解していたのに、それにもかかわらず経営側から宿題が出されたことは不服であった。そのうえプロジェクトのメンバーもやる気をなくしている。その後の原因調査も遅々として進まず。プロジェクトは実質崩壊状態となってしまった。

③ プロジェクトの推移（②卓越した実践力を発揮できたケース）

SCENE 1 利用部門に全員でヒアリングし要件定義をまとめる

　開発チームのPMに指名されたAさんは、情報システム部門から得られた情報に加え、実際の利用部門に対して独自のヒアリングを行うよう計画した。そして、会社が集めたオープン製品の技術に精通した開発メンバー全員に、ヒアリングを実施させ、これを要件定義の参照資料としてまとめた。

SCENE 2 要件定義をレビューするとリスクが明らかに

　ヒアリング結果のまとめ資料をチーム全員でレビューしてみると、以下の

状況であるとAさんは認識した。そして、現行システムの仕様書もない状況では、利用部門のヒアリングだけで業務の細かな仕様を詰めることは実質不可能であり、利用部門を巻き込んだプロジェクト体制とし、仕様検討のやり方から計画を見直す必要がある。との結論に達した。

- 質問には答えているが、特別な要望や業務の細かな部分への質問がほとんどない。
- 開発チームのメンバーは、技術的には優秀なメンバーだが、業務についてはほとんど精通していないため、追加の質問や、利用部門が使っている用語や内容を理解していない可能性が高い。

SCENE 3　利用部門を巻き込んだプロジェクト体制づくりのアプローチ

Aさんは、利用部門に出向き、開発メンバーが実施した利用部門のヒアリング結果についての自分の評価と、利用部門の協力なくしてプロジェクトの成功はあり得ないということを責任者に伝えた。そして、利用部門のかかわり方について、どのような協力体制が可能かを相談した。

その後利用部門の責任者との意見交換の内容を整理し、チームのメンバーを集め、利用部門を巻き込むためのいくつかの対策案を整理した。

SCENE 4　業務全体は運用部門と利用部門を混じえた共同検討体制で詰めることに

情報システム部門の責任者を交えて、利用部門の責任者およびキーマンとの打合せを実施した。その結果、業務全体の見通しをつけるための要件検討期間にワーキンググループ（WG）を共同で設置する了解を取り付け、その進め方、ドキュメントのまとめ方などの詳細計画を作成し提案した。

> **SCENE 5**　要件定義を重視し開発計画を変更、再度社内オーソライズ

　この調整と並行して改めて要件定義工程を行う必要があることを整理したうえで、情報システム部門の責任者とスケジュールの見直しを相談した。最終的には上記の調整結果を踏まえて、開発計画書をつくり直し、要件定義工程を2か月追加し、利用部門向けの設計書（運用フローや画面イメージを中心とする）をつくり、その後システムの設計工程に着手することとした。さらに、総合運転試験は利用部門を中心とした体制で実施すること、その試験シナリオを設計工程と並行して作成し、試験工程の期間の短縮と品質向上を図る計画とした。具体的には、要件定義2か月、概要設計2か月＋設計～総合試験11か月、総合運転試験2か月の17か月で運用開始とするという開発計画書をつくり、社内オーソライズを完了した。

> **SCENE 6**　社内一丸となったプロジェクト体制、そして無事完成

　また、プロジェクト開始にあたっては、PMのAさんは利用部門、情報システム部門を集めたキックオフミーティングを実施し、プロジェクトの成功について関係者の気持ちを合わせるように取り計らった。

　最終的には、設計以降の開発は順調に前倒しで進捗し、総合運転試験を一部前倒し開始するなどにより予定よりも1か月早く開発を完了し、ならし運転として提供した。

4 ── 発揮された実践力

4.1　ケース①のPM Aさんの実践力

1) プロジェクトの失敗は自分のせいだと気づかず、困難な状況でのリーダーシップも欠如

　まずAさんのPMとしての失敗の原因を探ってみる。プロジェクトが崩壊したSCENE 5をみてみよう。Aさんは自分はやるべきことをすべてやった、だからプロジェクト失敗の原因はPMである自分には絶対にないと思っている。また、社内精鋭の優秀なメンバーもこの時点でやる気をなくしている。

PMであるAさんもメンバーも失敗の原因は自分たちにあるのではなく、利用部門を含め他人のせいだと考えている。このため原因究明にも力が入らずプロジェクトが頓挫している。

つまり、ケース①のAさんは、**リーダーシップ**が完全に欠如しており、困難な状況でのメンバーの**動機づけ**という一番必要な実践力が弱いといえる。

2) プロジェクトのリスクに気づいていないことがすべての行動を物語る

このAさんの考えやプロジェクトの顛末の一番の理由は、実践力のあるPMであれば背景に示した内容から読み取ることができるであろうプロジェクトのリスクの読みがほとんどできていないためである。

更改システムにおいては「現行システムのドキュメント未整備・現行システム開発者の不在」はつきものである。このような状況にプロジェクトがおかれたときには、利用部門の巻込みや利用部門のキーマンの参画がプロジェクト成功の必須条件であるということを見抜けていないことが、Aさんの全般的な実践力の弱さを物語っている。

すなわち、状況分析の**認知力**の弱さに起因し、その後の活動は一見まともにみえるもののSCENE 1、SCENE 2、そしてSCENE 3でも終始肝心の勘所を押さえていない考えや行動となっている。やはり、経験不足の感は否めない。

4.2　ケース②のPM Aさんの実践力

1) たとえ精鋭メンバーが実施したことでも、結果を冷静に分析する認知力の発揮

ケース②をみると、まずSCENE 1においてメンバーにヒアリングさせ要件をまとめさせた最初の行動はケース①とまったく同じであるが、ケース②でのAさんは、優秀な技術者であるはずのプロジェクトメンバーのヒアリング結果を冷静に分析し、そこにこのプロジェクトに内在するリスクがすでに顕在化していることを察知しているのがわかる。

つまり、PMのAさんは、ヒアリングの結果やメンバーが議論する状況（メンバーは肝心な質問ができていない。利用部門からの要求や要望事項が極端に少なく利用部門とうまくコミュニケーションがとれていない可能性がある）を観察し、自分が想定したとおり要件に不確かさが残っていると感じている。まさに**認知力**の実践力の発揮である。

その分析結果から、利用部門の巻込みの必要性を痛感し、SCENE 3、SCENE 4で利用部門に自らアプローチし、彼らを巻き込みながら、主要なステークホルダーである情報システム部門や利用部門から協力を得られるプロジェクト体制を立ち上げるという行動を起こしている。

2）**最初からプロジェクトのリスクに気づき状況をみながらステークホルダーをコントロール**

　一般に、開発完了から十分に長い期間運用してきたレガシーシステムの更改には「設計書や運用・維持管理のためのドキュメントが整備されていない、また、当該の現行システムを実際に開発したメンバーがまったくいない」というリスクが内在している。PMのAさんは、まさにこのリスクをあらかじめ想定していたことがSCENE 3以降の行動に表れている。

　もう少し細かくみると、SCENE 3では、いきなり利用部門へ協力を要請するという短絡した行動ではなく、利用部門の責任者に自分の見解を伝え、相手の提案をもとに利用部門の協力の仕方を詰める方法をとっている。

3）**実践力は相互に連携して発揮されプロジェクト成功に大きな効果を生む**

　このようなAさんの考えや行動には、ステークホルダーへの**エフェクティブネス**（**関係調整**、**コンフリクトマネジメント**、**判断力**）、**リーディング**（**動機づけ**、**ビジョニング**）、**コミュニケーティング**などの実践力が発揮されている。

　当然、これらの実践力の発揮においても、その都度、**認知力**による状況判断とその結果アクションに移すための他の実践力が連鎖して発揮されている。そしてこれらを受けて、SCENE 5やSCENE 6のように組織としてのオーソライズ、いわゆる政治力（政治力には**エフェクティブネス**、**コンフリクトマネジメント**の発揮が必須）も発揮されている。

　一連の行動からケース②のAさんの自己規律の責任感の発揮が読み取れる。また、利用部門との相談においても相手の立場や役割を尊重したうえで問題解決の道を探っており、このような行動から**多様性の尊重**という実践力の観測もできる。

成功のための処方箋

　プロジェクトの成功にはステークホルダーのうまい巻込みが必須である。
　特に要件定義は直接の利用部門の問題認識をきちんと取り込めるかが成否を決する。さらに、顧客対応の経験不足なプロジェクトメンバーをどう活性化し積極的に動かせるかという**リーダーシップ**が、プロジェクト成功のためのもう一つの重要なステークホルダーの巻込みである。

1. 優秀なメンバーを生かすも殺すもリーダーシップ。優秀だからと任せきりはダメ。PM自ら結果を確認・分析し、起きていることを経験に裏打ちされた**リスク察知力**で見抜け。
   - 利用部門へのヒアリング結果を自らレビューで確認し、メンバーの理解度を見抜き、結果の不十分さがあるリスクを見抜いている。
   - 「問題なし、課題なし、疑問点なし」はまさに、問題ありの兆候。
2. ステークホルダーの効果的な巻込みは一人称で動いてもらえるかである。まずは、価値観・問題認識の共有からである。
   - ヒアリング結果を冷静に分析し、利用部門の参加の必要性・重要性を相手の責任者に理解させ、その提案を受け入れる姿勢を貫いている。
   - いったん決定された計画でも見直しが必要と判断すれば、勇気をもって変える意思を貫け。組織のトップを含め提案し交渉し、説得せよ。その過程が価値観・問題認識の共有となり、ステークホルダーをプロジェクト成功に向け動かす唯一の答えとなる。

事例 3

要件定義はプロジェクト成功の要。認知力で乗り切れ

生産管理システム再構築プロジェクト

1 ── 背景と状況

1.1 従来の生産管理方式がかかえる問題点

　従来の見込み生産方式では、注文内容の多様化によりすぐには受注に結び付かない半製品の在庫が膨らむ傾向にあった。一方、受注製品の生産に必要な半製品が不足し、納期遅れが発生することもあった。納期遅れの回避や不用在庫の転用のために工程管理の煩雑さが増し、顧客ごとに決められたそれぞれの担当者に、生産計画を任せざるを得ないところまできていた。

1.2 新生産管理方式の概念

　これらの問題を解消するため、生産計画から出荷までの工程管理の改善を主体にした新生産管理システムを構築することになった。改善のポイントは、見込み生産方式を受注生産方式に変更することであり、これまでの半製品在庫を転用して受注製品に加工するやり方から、受注情報をもとにして半製品の生産から最終製品への加工までを一貫して行うやり方に変えることになる。

1.3 プロジェクトチームの発足

　企画チームは受注生産方式について検討し、その改善効果を検証した結果、投資対効果が十分成り立つことを確認したので、目的、期間、予算、実施内容、体制、効果などを企画書にまとめ社内審議に諮り承認を得た。こうして主力工場の操業効率化に大きな期待を込めて、新生産管理システム構築プロジェクトが立ち上がった。

1.4 プロジェクトチームの編成

　新生産管理方式の採用は影響が広範囲に及ぶので、プロジェクトメンバー（以下、メンバー）は計画部門、工程管理部門、製造部門、技術部門とシステム部門で構成し、各部門の精鋭がメンバーに選出された。しかし、製造部

門、システム部門を除く他の部門のメンバーは日常業務との兼務にならざるを得なかった。また、プロジェクト外の営業部門や外注会社との連係と調整は、プロジェクトに参画している関連部門のメンバーが窓口となって行うこととしたので、メンバーは広範囲の領域をカバーすることとなった。

1.5　プロジェクトの推進体制

　プロジェクトの推進体制は、業務の実態をよく知り、かつ新システムを実際に使う現業部門が責任をもって取り組む必要があるので、すべてをシステム部門に任せるのではなく、オーナーは製造部門の部長、責任者は工程管理部門の部長、プロジェクトマネジャー（PM）はシステム部門の課長が担当することになった。

1.6　新生産管理方式の課題

　このプロジェクトにおける最大の課題は二十数年にわたり浸透した仕事のやり方を見直し、新しい管理プロセスや業務ルールを構築して仕事のやり方を変えることであった。
　しかし実務者の意識としては、製造条件などから新生産管理方式に対する疑問や、これまで培ってきた経験が生かせなくなる不安もあり、その実現に懸念を抱く傾向にあった。

1.7　要件定義のスタート

　キックオフミーティングが開催され、企画書の説明から始まり、PMが先立って作成したプロジェクト計画書でスケジュール、体制、会議体などが示され、メンバーの意志表明も行われた。
　プロジェクトチームの活動拠点も決まり、プロジェクトは本格的に要件定義に入ることになった。

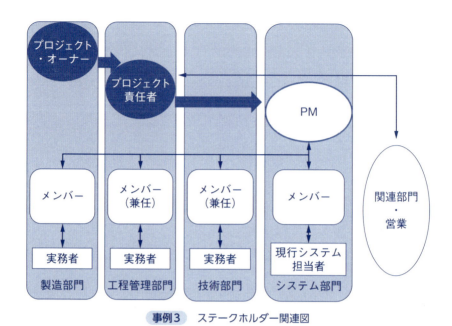

事例3 ステークホルダー関連図

② プロジェクトの推移（①実践力を十分に発揮できなかったケース）

SCENE 1 要件定義の進め方の説明会

PMは要件定義の進め方について説明したが、方針変更に及ぶような質問や意見が出なかったので、メンバー全員の同意を得たと認識しプロジェクト計画に沿って進めることとした。

SCENE 2 課題一覧表の作成

プロジェクトの進め方に従って企画書に示されたゴールに向けての解決課題をメンバー全員で洗い出し、課題一覧表を作成した。

この作業によってメンバー間の意識の共有ができた。ただし、一覧表には種々雑多な課題が含まれており、実態調査や詳細化が必要な課題も多くあった。

SCENE 3　課題の落とし込み

　課題一覧表を皆が集まるところに掲示して「見える化」し、逐次、検討結果を更新し確認することとした。また、現状システムを熟知しているシステム部門が中心となり新システムのプロセス定義が書けるレベルに解決策を落とし込むことで要件定義の促進を図ることとした。しかし、課題そのものが整備された状態でなかったのでその整理に追われ、新システムのプロセスが定義できる状態への課題の落とし込みにはなかなかたどり着かなかった。

SCENE 4　課題解決への取組み

　課題解決に向けて必要になる検討の優先づけ、関係部門との調整、現状システムの確認などの作業項目について、WBS（Work Breakdown Structure）を詳細化しメンバーに示したが、作業項目が多く厳しいスケジュールとなった。メンバー内には兼務者もいるので検討時間がとれないことも想定された。

　なお、新システム設計につなげる課題解決策の検討はメンバーが中心となって進めるが、メンバーだけでは解決策を見つけ出すことができないこともあるので、以下の3段階を繰り返して進めることとした。
　・各部門内での実務者も交えた担当分野別検討会
　・各部門での集合検討会
　・プロジェクトチーム全体での部門間調整を含む全体検討会

SCENE 5　新生産管理方式の難しさ

　現状は顧客から出される数か月先までの納品予定をもとに、製造リードタイムを確保して半製品の製造を開始し、次月の納品予定を対象に製品へ加工するしくみになっているが、数か月前の納品予定から次月の納品予定の間で品種や数量がかなり変動している。この変動をいかに効率よく吸収するかがこのプロジェクトのカギとなっている。

SCENE 6　解決策へのこだわり

　企画書およびプロジェクト計画書でスコープが定義され、受注条件は前提条件として扱うことになっているにもかかわらず、問題の真因は受注条件にありこれを改善しないと受注生産管理方式は実現し得ないとメンバーが強く主張したので、PMはこれを受け入れた。他の解決策の検討を止め営業関係との調整に入ったが、結局、営業から素早く正確な変動情報を提供してもらうことに落ち着いた。
　この課題解決に時間がかかり、また、予想されたとおり兼務メンバーの検討時間がとれないこともあり、プロジェクトは遅延し始めた。

SCENE 7　要件定義のできばえ

　新生産管理システムは、納品予定を軸として半製品・製品の製造計画を一貫して作成し、変動した納品予定は各工程の在庫状況をみて新たな製造手配や在庫への引当見直しを行い、変動しない納品予定は当初計画どおり製造することとして、詳細な詰めは残したまま要件定義をようやく終えた。実務者へはデータ流れ図などにより処理のつながりを説明し、これにより新生産管理システムでやろうとしていることを理解してもらうことができた。

SCENE 8　その後の状況

　しかし、プロジェクトは設計段階で要件定義の曖昧さを取り除きながら進めたこともあり、当初計画からのコストオーバー、期間延長を起こしてしまい、失敗したといえる。

③　プロジェクトの推移（②卓越した実践力を発揮できたケース）

SCENE 1　要件定義の進め方の説明会

　PMは要件定義の進め方について説明したが、方針変更に及ぶような質問

や意見が出なかった。先のキックオフでの説明においても質問が出なかったので、メンバーの心のどこかに誰かがリーダーシップを発揮し新しい処理方式を提案し決定してくれるだろうと思う気持ちがあると思え、これから本格化するプロジェクト運営にプレッシャーを感じた。

PMは要件定義をこのまま進めても良い結果は出ないと考え、以下の対策を打った。

全体での検討に先立ち、現行システムを熟知しているシステム部門が、各部門の前向きな考え方をもっているキーマンと個別に検討して、企画書をもとに受注生産方式の中核となる部分の仮説をつくった。

SCENE 2　課題一覧表の作成

プロジェクトの進め方に従って、企画書に示されたゴールに向けての解決課題をメンバー全員で洗い出し、課題一覧表を作成した。

この作業によってメンバー間の意識の共有ができた。ただし、課題は種々雑多であり実態調査や詳細化が必要な課題も多くあった。

そのため、このままではそれぞれ役割が違うメンバー間で問題を共有し具体的な解決策を導き出すことは難しいと考え、先に検討した受注生産方式の仮説を提案し実現性を検証する形で課題を抽出し、課題一覧表を再定義した。

検討が進むなかで、新システムのイメージを具体化するために、メンバーの意向を取り入れて仮説の前提条件や成果物の見直しなどを行い、現行システムとの差異を整理した。

SCENE 3　課題の落とし込み

　課題一覧表を皆が集まるところに掲示して「見える化」し、逐次、検討結果を更新し確認することとした。また、現状システムを熟知しているシステム部門が中心となり、新システムのプロセス定義が書けるレベルに解決策を落とし込むことで要件定義の促進を図ることとした。

SCENE 4　課題解決への取組み

　課題解決に向けて必要になる検討の優先づけ、関係部門との調整、現状システムの確認などの作業項目については、WBSを詳細化しメンバーに示したが、厳しいスケジュールとなった。メンバー内には兼務者もいるので検討時間がとれないことも想定された。

　なお、新システム設計につなげる課題解決策の検討はメンバーが中心となって進めるが、メンバーだけでは解決策を見つけ出すことができないこともあるので、以下の3段階を繰り返して進めることとした。

　・各部門内での実務者も交えた担当分野別検討会
　・各部門での集合検討会
　・プロジェクトチーム全体での部門間調整を含む全体検討会

　ここでは、メンバーや実務者が課題解決策を記述するフォームをいくつか用意し、記入者の考えが示しやすいようにした。

　併せてシステム部門のメンバーが検討会に参加し、問題解決技法を使って「見える化」を行い、検討状況の把握を容易にした。

SCENE 5　新生産管理方式の難しさ

　現状は顧客から出される数か月先までの納品予定をもとに、製造リードタイムを確保して半製品の製造を開始し、次月の納品予定を対象に製品へ加工するしくみになっているが、数か月前の納品予定から次月の納品予定の間で品種や数量がかなり変動している。この変動をいかに効率よく吸収するかがこのプロジェクトのカギとなっている。

SCENE 6　解決策へのこだわり

　このプロジェクトは工程管理の改善を主体としたプロジェクトであり、スコープ外となっている営業を通した顧客調整や大きな設備投資は次期課題として当初より除外した。
　受注条件や製造設備は前提条件として考え、焦点を絞った検討を行った。なお、営業には素早く正確な変動情報が必要なことを説明し提供してもらうこととなった。
　検討に際し、受注生産方式への懸念から、提案されている解決策に対する具体的な適応策を実務者が導き出せずにいることもわかっていたので、直接会話することによって懸念材料を聞き出し、検討のテーブルに挙げることでよりしっかりした要件定義にすることができた。
　また、受注変動の吸収のための製造計画の考え方や、製造計画を策定するための前提条件や諸元の設定について、製造計画システムを構築した専門家および製造計画担当者の意見も聞き出し、要件定義を行った。

SCENE 7　要件定義のできばえ

　新生産管理システムは、納品予定を軸として半製品・製品の製造計画を一貫して作成し、変動した納品予定は各工程の在庫状況をみて新たな製造手配や在庫への引当見直しを行い、変動しない納品予定は当初計画どおり製造するというやり方をメンバーが共有し、要件定義に示すことができた。実務者へはデータ流れ図などにより処理のつながりを説明し、新生産管理システムでやろうとしていることを理解してもらうことができた。
　メンバーの献身的な努力と、営業や実務者といった外部支援も得て無事に要件定義は終了できた。

SCENE 8　その後の状況

　この経験を通して、システム部門のメンバーはプロジェクトの実質のリード役として奮闘しスキル向上ができ、現業部門のメンバーはプロセス改善の考え方や要件定義の意味・進め方を学んだ。

PMは後続の設計・製造・テスト・移行についても、その状況から今後起こり得る事態を想定し、問題の発生を予知して事前に対策を打つことにより、プロジェクトを成功裏に終了させることができた。

4 ── 発揮された実践力

　この事例は、プロジェクトの失敗要因が多いとされる要件定義段階において、「認知力」を扱ったプロジェクトの例といえる。
　「認知力」の実践力項目には全体的（戦略的）視点、情報収集、問題発見力、課題解決力がある。
　以下、事例に沿って発揮状況を見てみる。

SCENE 1　要件定義の進め方の説明会において

　ケース①の場合　質問や意見が出なかったことで、メンバーが同意したと認識した。
　ケース②の場合　質問や意見が出なかったことに対して、メンバーの自主性の欠如を懸念し、新生産管理方式の中核部分の仮説を提示することで、メンバー各自が検討すべきことを明確に示した。
　解　説　ケース②のPMは、その場の状況だけで判断せずに、新生産管理システムの影響が広く及ぶことを認識し、この段階で質問・意見が出ないことを問題とした。その結果、要件定義を進めるうえでメンバーが主体性をもって取り組めるように種々の対策を講じ、プロジェクトの成功に結びつけた。これは、プロジェクトを俯瞰的に捉え問題を発見し、課題を解決する実践力を備えていたからといえる。

SCENE 2　課題一覧表の作成において

　ケース①の場合　メンバーの総意で課題一覧表を作成し、メンバー間の意識も共有した。
　ケース②の場合　課題一覧表の作成に際し、課題をより現実的に捉える

ことができるように仮説をもとに検討を進めた。

また、新旧システムの差異を明確にして新システムのイメージを具体化しながら検討を進めた。

解説 ここでは、課題一覧表を作成するという課題に対しての解決力の差異が現れている。ケース②のPMは、要件定義の成果を確実にするために、やるべきことの全貌が見え、行動に結びつけることができる課題一覧表が必須と考え、仮説の提示や新旧システムの差異を示すなど、メンバーの思考を促進するためにファシリテーターとしての役割も発揮している。これは問題解決のためにファシリテーションを活用した例といえる。

SCENE 3　課題の落とし込みにおいて

ケース①の場合　課題一覧表を「見える化」し、中間段階で逐次、検討結果を確認・更新することとしたが、課題に種々雑多なものが含まれているなど課題設定が不適当な状態であった。そのため、課題を新システムが定義できる状態に落とし込むことが思いどおりには進まなかった。

ケース②の場合　課題一覧表を「見える化」し、中間段階で逐次、検討結果を確認・更新することとした。検討が進むにつれ新システムが定義できる状態に課題を落とし込むことができた。

解説　課題を「見える化」し、新システムが定義できるレベルに落とし込むという方針はケース①、ケース②共通であるが、成果には大きな開きが出ている。

ケース②のPMは、要件定義を効率的に進めるために、行動に結びつく課題一覧表の作成に意を尽くしている。ここでは課題の設定を新システムが定義できるレベルに落とし込むことに注力し、課題の解決により新システムの機能一覧表・定義書につなげようとしている。これにより、的確な課題一覧表を示すことにより目的が達成できるという、メンバー全員の共通認識のもと、課題の全容を把握し、メンバー各自の分担において相互関係を整理しながら課題を解決する方向にリードしている。これは問題解決にリーディングを活用した例といえる。

SCENE 4　課題解決への取組みにおいて

ケース①の場合　WBSを作成したが厳しいスケジュールになっている。検討会を異なる組織別に3段階で行うこととした。

ケース②の場合　ケース①に加え、要件定義の記述フォームの提供と問題解決技法の適用を行った。

解 説　何を決めれば課題を解決したことになるのかを明確にするために解決策を記述するためのいくつかのフォームを提供している。また、解決策の創出を促進するために、その検討過程を見える化できる問題解決技法を適用している。これは厳しいスケジュールをいかに乗り切るかという問題を手法や技法を用いて適切に解決した事例といえる。

SCENE 5　新生産管理方式の難しさにおいて

（ケース①、ケース②とも同じ）

SCENE 6　解決策へのこだわりにおいて

ケース①の場合　スコープ外となっている計画の変動を少なくすることに時間を割いた。

ケース②の場合　営業を通した顧客調整や大きな設備投資は次期課題として当初より除外した。むしろ、検討が進まないなか、実務者の懸念や製造計画策定のしくみを聞き出し、検討のテーブルに挙げて解決策の導出にこだわった。

解 説　メンバーのみならず専門家や実務者からも生の情報を収集し、新生産管理方式の難しい点、および懸念点を明らかにして、進め方や解決策の導出につなげた。これは検討が停滞している原因やその解決の方向について、あらゆる関係者から情報を収集し解決に向けた行動をとった事例といえる。

SCENE 7　要件定義のできばえにおいて

ケース①の場合　詳細な詰めは残したまま要件定義をようやく終えた。

ケース②の場合　メンバーの努力と、外部支援も得て無事に要件定義は終了できた。

解 説　ケース①では問題の先送りとなったが、ケース②では問題は確実に解決する姿勢で臨み、取り組んだ成果としてしっかりした要件定義ができている。

SCENE 8　その後の状況において

ケース①の場合　要件定義の甘さが後続作業に影響し、プロジェクトは遅延した。

ケース②の場合　問題の発生を予知し、事前に対策を打つことでプロジェクトは成功した。また、メンバーの成長も促した。

解 説　ケース②のPMは認知力をいかんなく発揮した事例といえるが、問題を解決するために、関連する知識や実践力も活用している。一方、プロジェクトを成功させるために、仮説・検証や新旧システム対比を行うなどでメンバーに負荷を掛け、スコープ外については強い意見があっても受け入れないなど、胆力もいかんなく発揮しているともいえる。このPMはプロジェクト活動を通して「認知力」を発揮し、以下のような行動を一貫してとっていることが窺える。

▶**全体的視点**：プロジェクトの目的を理解し、期待、なすべきことなどを十分把握して行動に移している。
- 目的に向かって問題の発散を抑え、効果的に解決策を導き出している。
- 新システムの構築だけでなく、メンバーの成長を促し、さらに、稼働後の運用を考えて実務者を新システムの構築に巻き込むなど、周囲／周辺への配慮も行っている。

▶**情報収集**：さまざまな場面で、注意深くメンバーや実務者の表情・言動を観察し、情報収集に努めている。
- 実務者とも直接コミュニケーションをとり、新システムに対する疑問や不安をキャッチしている。
- キックオフ、要件定義説明会などのさまざまな機会を通してメンバーの心情を察知する仕掛けをつくっている。

▶**問題発見**：得た情報から問題を発見している。

- 要件定義の進め方の説明会において、自主性の欠如を見抜いた。
- 課題一覧表の作成過程から、このままでは解決策が生まれてこないと見抜いた。
- メンバーは要件定義をほとんど経験していないことを問題とした。

▶ **課題解決**：問題は確実に解決している。

- ステークホルダーとも連携し、さまざまな解決施策を講じている。

　ケース②のPMの実践力についてまとめると、コミュニケーションや計画性、判断力といった他の実践力項目が「認知力」と一体となって発揮され、認知した問題を放置せず、効果的に解決しているといえる。

成功のための処方箋

1. PMは毅然とした態度で臨む。
    - チーム力を見抜き、エスカレーション、デリゲーションを活用する。一方、自らはメンバーの自主性・主体性を促進する。
    - 検討の対象がスコープの範囲外に及ばないよう、方向を正す。
    - 怯まず、侮らず、当たり前のことを当たり前に実行する。
2. プロジェクトは総力戦で臨む。
    - 重要な部分は真のキーマンを見つけ先行して仮説・検証する。
    - 実務者の生の声や、専門家の知識を取り入れる。
3. 解決の糸口を見つけるまで課題を落とし込む。
    - 課題解決のための懸案事項（課題解決のための課題）は一覧化し見える化する。

事例 4　愚直なプロジェクトマネジメントが成功のカギ

システム基盤刷新プロジェクト

1　背景と状況

1.1　プロジェクトの立上げ

　現在の社内システムを新しいシステム基盤に切り換えることが社内審議で決定された。

　新システム基盤への切換えを確実にするために、新システム基盤の習熟も兼ね、まずは独立性の強い中規模程度の販売支援システムを9か月間で新システムへ移行することとして、販売支援システムマイグレーション*プロジェクトが立ち上がった。

1.2　プロジェクトの推進体制

　プロジェクトマネジャー（PM）は、社内に新システム基盤の利用経験者がいないので、新システム基盤を熟知しマイグレーションにも実績のある開発ベンダーへ一括委託し、プロジェクトを推進することにした。さらに、テスト開始までには社内プロジェクトメンバー（以下、メンバー）にもサンプルプログラムの変換作業を行ってもらい、テスト開始までに新システム基盤を習得してもらう計画とした。これにより検証・移行体制にも目処がついた。

1.3　委託先の選定

　一括委託できる可能性のある複数の開発ベンダーに要求仕様を提示し、見積り提案を受けた中から、これまでも取引きの実績がありマイグレーションに多くの成功経験をもつ会社を選択した。

＊マイグレーション：ITの分野では、プログラムやデータ、ネットワークなどを新しい環境上に移し換えること（移行）。

1.4　マイグレーション方式

　この会社の見積り提案によると、「マイグレーションの成功の決め手は自動変換率にあるので、移行対象プログラムとその実行形式を綿密に分析し、保有している変換プログラムに対し自動変換率を上げるように手を加える。さらに、機能的に主要なプログラムや多様なプログラミング技術を駆使したプログラムを発注元に選択してもらい、変換後の結果を個別検証する」というように、しっかりしたマイグレーションに対する作業プロセスを確立していた。

1.5　メンバーの新技術習得方法について

　また、この会社はメンバーのシステム基盤に関する知識の習得に対し、メンバーが行うサンプルプログラムの変換作業の技術サポートを行うことを約束した。

1.6　プロジェクトのスタート

　PMは開発ベンダーとの週・月ごとの進捗会議や、変換後のプログラムの受入検証の方式などを示したプロジェクト計画書を作成し、プロジェクトは本格的な実働に入った。
　早速、その計画に沿って以下の初期活動に着手した。
・変換対象となる既存資産の提供と個別検証対象プログラムの抽出・選定
・開発ベンダーからの質問・要求への対応
・新システム基盤、プログラミング、実行手順の習得も兼ねた受入れテスト環境設定の準備
・サンプルプログラム変換作業の実施によるシステム基盤の学習

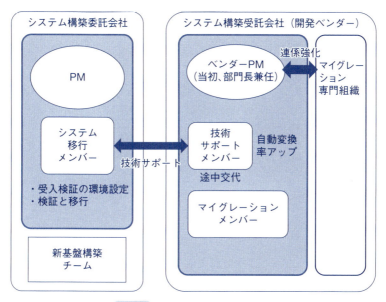

事例4　ステークホルダー関連図

② プロジェクトの推移（①実践力を十分に発揮できなかったケース）

SCENE 1　ベンダーPMが策定したプロジェクト計画の承認

PMは、開発ベンダーによる本格的な作業開始前に、開発ベンダーのプロジェクトマネジャー（ベンダーPM）から見積り提案をベースに作成したプロジェクト計画書の提案を受け、作業事項、日程設定の調整を行い承認した。

SCENE 2　プロジェクトの進捗管理

PMは、開発ベンダーの本格的な作業が開始されると変換作業の進捗会議を開催し、ベンダーPMから進行状況について報告を受けた。スケジュールの予実管理と変換対象物の予実管理の結果をみると、作業遅れや大きな問題の発生もなく順調に進捗していると思われた。

SCENE 3　推進上の問題発見とその対応

　進捗会議で、メンバーから、受入れテスト環境設定の準備とサンプルプログラムの変換作業の技術サポートについて、開発ベンダーの技術サポートメンバーが顔を出さず、作業が滞っているとの報告を受けた。

　PMはメンバーに対し、1か月程度の遅れが生じており問題認識が甘いことの指摘と、このような問題は進捗会議の場ではなく、事態発生時に速やかに報告するよう「報・連・相」について徹底を図った。なお、この問題はその後の開発ベンダーの支援強化とメンバーのスケジュール調整で解消し、多少のコストオーバーで済ますことができた。

　また、PMはベンダーPMにとって都合の良い報告を見抜けなかったことや、できあがった成果物そのものを確認していなかったことを反省し、進捗報告資料を注意深く読み解き、早期に問題発見できるように進捗報告資料は会議の前日までには取りそろえるように指示した。

SCENE 4　問題の顕在化

　5か月を経過し、進捗遅れが顕在化した。原因は自動変換プログラムの手直しをある時期で止め、自動変換できない部分は手作業で変換する作業方法に変えていることにあった。この作業方法の変更により、変換後の検証作業が増え、かつ、コード変換内容の見直しによる戻り作業が多く発生していてボトルネックになり、大幅な進捗遅れを起こしていた。

3章 ● 事例からPM実践力を学ぶ

　PMは開発ベンダーに体制を強化し、品質の確保と進捗遅れの回復を行うよう通告し、改善策の提出を求めた。

　開発ベンダーからの回答は、兼務していたベンダーPMを専任化するとともに、システムをサブシステムに分割しサブPMを置きプロジェクトの統制を強化する、という内容であった。

　なお、進捗遅れを短縮するために、ベンダーから出た不明点に迅速に対応できるように、作業場所を発注側の事務所内に設置・移動した。

SCENE 5　プロジェクトの終了

　これらの対策の結果、3か月の期間延長でなんとか移行を完了した。

3 ── プロジェクトの推移（②卓越した実践力を発揮できたケース）

SCENE 1　ベンダーPMが策定したプロジェクト計画の承認

　PMは、マイグレーションは既存プログラムの置換えであり、利用部門の関与が少ない（操作上の変更説明が主）ことから、変換作業を安易に考え失敗するケースが多くあることを認識したうえで、開発ベンダーによる本格的な作業開始前に、ベンダーPMが作成したプロジェクト計画書を確認した。そして、開発ベンダーに対して二つの申入れを行った。

　一つ目の申入れは、専門組織からしかるべき人の投入をすることであった。その理由は、計画書によると、開発ベンダーの今回の組織はマイグレーショ

ン専門組織とは別の組織が対応することになっていためである。この申入れに対し開発ベンダーは、人の投入は現実的に無理なので専門組織での経験をもつベンダーPMが全容を把握し、専門組織からの組織的支援を受けることができるように体制を見直すとの回答があり、PMは具体的な支援策と方法について文書で報告するように求めた。

二つ目は、ベンダーPMの専任化である。受領した報告書によればベンダーPMは部門長が兼任する予定になっていた。この申入れに対し、部門長業務は大部分を上位代行することによりPM業務にほぼ専任するとの約束をもらい承認した。

SCENE 2　プロジェクトの進捗管理

このプロジェクトの初期段階の作業は、一括委託した開発ベンダーが行う変換作業の準備作業であり、変換対象プログラムの分析、変換方式の決定、自動変換プログラムの更新がこの時期に実施される。この実施結果が後続作業に大きな影響を及ぼすので作業プロセスの中でも最も重要となる。

進捗会議において、PMは単にベンダーPMから進捗報告を受けるだけでなく、分析結果、変換方式、さらには自動変換率についても成果物で確認をとった。

その結果、自動変換率が想定よりも低いことが判明したので、開発ベンダーに改善策の検討を要請した。回答として、マイグレーション専門組織の協力も得て自動変換率を上げ、品質・納期を確保する体制が整ったとの連絡があり、それ以降の作業に目処がついた。

なお、双方がコミュニケーションを良くし、開発ベンダーからの問合せや要求に対しても速やかに対応することも併せて実施することを決めた。

SCENE 3　推進上の問題発見とその対応

プロジェクト発足後1か月経過したところで、PMがベンダーPMとコミュニケーションを十分とっていることもあり、技術サポートメンバーが退社するので要員変更をしたいとの申入れがあった。

この申入れに対し、PMは要員変更後の状況を確認し、支障をきたした場

合にはさらなる補強策を行うことを確約してもらうことで了承した。

なお、新しく入った技術サポートメンバーは現システムの勉強も兼ね対応することになり、相互理解が進み、メンバーの新システム基盤の習得と、その後の作業はスムーズに終了できた。

SCENE 4　問題の顕在化

その後も、ベンダーPMは管理プロセスに沿って、実態を正確に示すことを行い、かつ、品質や納期確保のために検証の確実性向上策を実施した。
結果として、大きな問題は発生しなかった。

SCENE 5　プロジェクトの終了

発注側と受託側ともに、信頼関係を築きながら計画どおりに移行を完了した。

4 ── 発揮された実践力

この事例は、安易に考えられ失敗しがちなマイグレーションプロジェクトにおいて、一括委託における委託側PMがマネージング実践力を発揮したプロジェクトの例といえる。
「マネージング」の実践力項目には計画性、モニタリングとコントロールがある。

以下、事例に沿って発揮状況をみてみる。

> **SCENE 1** ベンダーPMが策定したプロジェクト計画書の承認において

ケース①の場合 提出された計画書を確認して、作業事項と日程の調整を行った。

ケース②の場合 開発ベンダーの担当組織がマイグレーション専門組織でないこととベンダーPMが専任でないことを見抜き、問題として捉え対応策を要求した。

解　説 計画段階において、ケース②のPMは、プロジェクトの成功に向けた適切なリソースの確保に着目しプロジェクト計画書を確認している。今回のプロジェクトでは、担当する組織がマイグレーションの成功経験をもっているか否かがカギになる。会社としての経験が豊富といっても担当する組織がそのスキルをもっているとは限らない。

また、このベンダーPMは、マイグレーションの経験をもっているが部門長との兼務であり、プロジェクトの指揮・指導に割く時間は限定される。

ケース②のPMは、これらのことを念頭に置き早期に推進体制を整え、プロジェクト計画の実現性を高めた。

> **SCENE 2** プロジェクトの進捗管理において

ケース①の場合 ベンダーPMからの報告で納得した。

ケース②の場合 ベンダーPMからの報告に加え、PM自ら成果物の確認も行い、自動変換率が低いことを発見し具体的な対応策を要求した。

解　説 担当者はその場しのぎの何とかなるという甘い見通しに基づいて報告しがちであるが、ケース②のPMは作業進捗の把握を成果物でも確認し、問題を発見した。モニタリングにおいて、現実を直視できる確実な手段をとったといえる。マイグレーションにおいて自動変換と手変換では作業負荷や品質に大きな差が生じるが、早い段階で自動変換率の向上対策を講じることができた。

また、プロジェクトの停滞を防ぐために意思疎通を早く、確実に行うためのコミュニケーションの問題についても、この段階で明確にしている。

SCENE 3　推進上の問題発見とその対応において

ケース①の場合　PMは、進捗会議の席上で、初めて実態を把握した点についてコミュニケーションの不足と進捗の実績把握が甘いことに気づき、その時点で対策を講じた。

ケース②の場合　PMは、ベンダーPMとのコミュニケーションが良くとれていたので、技術サポートメンバーの退職について事前に報告を受けている。対策についてはその後の状況をモニタリングし影響を確認することにした。

解　説　モニタリングとコミュニケーションは一体となって効果を発揮することが多い。ケース②においては、PMが進捗実績を把握する中で状況や見通しについてベンダーPMと良好なコミュニケーションがとれていたので、技術サポートメンバーの退職とその対応策についても、事前に十分な調整をとることができている。

SCENE 4　問題の顕在化において

ケース①の場合　自動変換率の向上を途中であきらめ、手変換を取り入れて進めていることが判明し、進捗遅れの回復や品質を確保するために大幅な対策を講じている。

ケース②の場合　初期段階で計画どおり自動変換率を向上させており、その後の作業も円滑に進めることができた。

解　説　この例は好循環と悪循環の典型的な例になっている。問題発見が遅れれば遅れるほど被害が大きくなってくるので、初期段階で状況を甘い見通しで見ずに、正確なモニタリングとそのデータを注意深く観察することによって確実に異常を見抜くことが大切といえる。

SCENE 5　プロジェクトの終了において

ケース①の場合　3か月遅れで終了した。

ケース②の場合　発注側と受託側双方の信頼関係を築きながら、予定どおりにプロジェクトが終了した。

解　説　ケース②のPMは、マネージングやコミュニケーションに力を

発揮し成功裏にプロジェクトを終了している。

このケース②におけるPMのマネジメント実践力について以下にまとめる。

▶計画性について

マイグレーションを成功させるプロセスを明確にして、効率的な作業プロセス、実現性の高い管理計画、実態を正確に示す成果指標を決め、プロジェクトを推進した。

また、プロジェクトを成功させるために委託側、受託側ともそれぞれ自社の立場・思いで甘い見通しをもつことなく、プロジェクトを観察し、現実を直視しやるべきことを確実に実施する計画を策定している。

▶モニタリングとコントロールについて

計画書に沿った実績確認は、曖昧さや期待を込めた実績ではなく、実態を正確に表したもので確認することが必要であるが、プロジェクトを観察し本質的な活動状況が把握できる評価指標を設定し、実績情報の収集と評価プロセスを確立している。

その結果として、予期せぬ事態が発生しても、早期にその事態の収拾策を講じることができた。

このPMは、モニタリングとコントロールを愚直に実施することにより、異常を早期に発見し、適切に処置しプロジェクトを成功に導いた。

成功のための処方箋

1. 進捗遅れや作業プロセスの変更は見逃さない。
    - 作業プロセスの各段階での成果指標を公正に評価し、問題を発見する。
    - 作業プロセスの変更が必要なときは、PMが厳格に判断する。
2. 受託会社に対する要求は具体的に示し、確実な言質を得る。
    - 曖昧な回答に、甘い判断をしない。
    - 必ず、回答に対する結果を確認する。
3. 委託／受託側のコミュニケーションを良くし、早期に問題解決する。
    - 相手の反応に怯えることなく、報連相を的確に行い、信頼関係を構築する。
    - 委託／受託側ともに期待を表明して、相反する要素があれば真摯に向き合い解決する。

事例 5

利益追求だけのプロジェクトは成功しない。責任感とコミュニケーションのバランスが不可欠

共同金融システム構築

1 ── 背景と状況

1.1 XX社は変化に対し柔軟性の高い新しい共同型金融システム開発を決定

金融業界を取り巻く環境の変化や取引形態の多様化などに応えるため、金融機関に対して共同型のシステムを提供しているXX社は、以下を狙いとしたシステムの再構築を決定し、K氏をプロジェクトの責任者に任命した。そして金融システム構築に多くの実績を有するB社に開発を発注した。

・顧客である金融機関へ短期間で導入できること。
・システム基盤は保守・運用が容易で、かつ新規機能の追加に柔軟に対応できること。
・アプリケーションプログラム（AP）は柔軟性と拡張性が高いこと。

1.2 受注したB社のプロジェクト体制と2人のプロジェクトマネジャー（PM）

開発を受注したB社は、二つのプロジェクトを立ち上げた。一つは、APの設計以降の開発を請負契約で実施するAP開発プロジェクト（AP開発PJ）であり、もう一つはXX社が直接実施する基盤構築の支援を行うプロジェクト（基盤支援PJ）である。

AP開発PJのPMには、当該開発を行うソリューション事業部の事業部長であるAさんが任命された。なおAさんは、本事例の主人公となるPMである。

そして、基盤支援PJのPMには大規模基盤構築に実績のあるサービス事業部のO氏が任命された。

1.3 XX社の責任者K氏がキックオフミーティングを開催、プロジェクト開始

プロジェクトの開始にあたり、XX社の責任者K氏は、社内関係者とB社のPMであるAさんとO氏をはじめプロジェクトメンバー全員を集め、**キックオフミーティング**を開催した。

そこでK氏は、システム再構築の狙いと目的、全体計画と開発体制、そしてプロジェクト全体の進捗管理の運用方法を説明した。

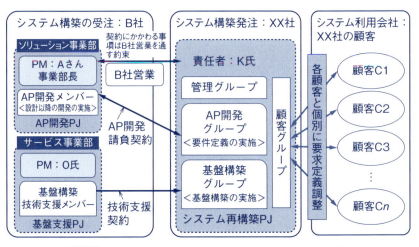

事例5　B社のPMであるAさんを取り巻くステークホルダー

② プロジェクトの推移（①実践力を十分に発揮できなかったケース）

SCENE 1　プロジェクト開始時のAさんの人間関係づくりの行動

　B社内では、AさんはO氏と本プロジェクトにおける互いのプロジェクトの関係や、PMとしての役割分担を確認した。このときO氏は、AさんがB社の事業部長という立場でもあることからPMとしてうまく協調していけるかについて一抹の不安とプレッシャーを感じていた。
　その一方でAさんは、発注者であるXX社の責任者K氏とは納品物の検証方法や、仮に契約に絡む変更・提案が発生した場合には、必ずB社の営業を通すことを確認していた。

SCENE 2　XX社からの追加の支援要請に対してAさんがとった行動

　AP開発の要件定義はXX社が直接行うことになっていた。システムの利用客である金融機関との間で要求定義が確定した部分はスムーズに進んだが、要求定義が確定できない業務は、金融機関との再調整から始めねばならず遅れが生じていた。

　この状況をみて、要件定義の重要さを十分に認識しているXX社責任者のK氏は、XX社が実施している要求定義や要件定義書の作業支援をB社が追加で行うよう要請した。しかしAさんは今回の契約の範囲外であるという理由でK氏の追加支援の要請を断った。

SCENE 3　XX社の要求定義の遅れでB社設計スタートは3か月遅れ

　要求定義が確定できない一番の原因は、業務運用に対する要求が金融機関ごとに異なっていることにあった。そこで、XX社AP開発グループは、各金融機関の要求を整理・分析し共通要求と個別要求に分け、共通要求は今回開発し、個別要求は次のステップで個別に開発する案を策定した。XX社はその案をもって各金融機関と調整しなんとか合意に達し、難航していた要求定義は2か月遅れで確定した。

　要件定義書の完成にはそれからさらに1か月を要した。この結果、B社が請け負ったAP開発の設計工程は計画から3か月遅れでのスタートとなった。

また、開発規模の見積りも増加し、当初計画の1.5倍となった。

SCENE 4 遅れに伴うコスト増をXX社K氏に追加費用として要求したが…

すでにB社は開発要員を確保するためにソフトハウスと契約を結んでおり、開発開始の遅れに伴うコストに関してソフトハウスとの間で問題となっていた。これを解決するために、AさんはXX社の責任者K氏に対して、開発費用の増加分と3か月分の開発要員の保留のペナルティを追加で支払うよう申入れを行った。

K氏は規模増加に伴う開発費用の増加分については承諾したが、ソフトハウスの要員保留分についてはB社の勝手な都合という理由で拒否をした。

SCENE 5 進まぬ設計作業状況、低下するB社メンバーの士気

B社側の設計作業はスムーズには進んでいなかった。AP開発PJは、業務単位に要件定義書をレビューし、不明な記述などに対してXX社に問合せや追加検討を依頼した。しかしXX社からの回答には多くの時間を費やしていた。その理由は、要求定義まで遡及しなければならない問合せなどが多かったことと、いくつもの業務単位で同じような問合せや検討依頼が重複しており、XX社側では、一つの問合せについて、業務全体的に検証しなければならなかったためであった。それ以外にも、XX社側からの突然の要件定義書の変更が何度も発生した。

B社では設計書の検証に多くの時間を要し、かつ、メンバーはXX社からの回答待ち状態になることがたびたびあった。この結果、B社側のAP開発PJは設計が進まないという問題に加え次のような問題を抱えることになった。

・メンバーのモラルとモチベーションの低下。
・メンバーのXX社の要件定義書に対する不信感（要求定義変更の原因は、金融機関との意思疎通に問題があり、内容の合意に達していないためではないか）。

> **SCENE 6**　PJメンバーからの突上げ、Aさんのとった行動

　PMであるAさんはメンバーから状況改善の突上げや、このままではさらに大幅な費用超過になるとの懸念からK氏にXX社側の作業および要件定義書の品質改善を要求した。

> **SCENE 7**　状況は改善されやっとプロジェクトは順調に進み始めた

　これを受けて、K氏は、プロジェクトの主要メンバーとステークホルダーを集め、以下のような改善策を検討し実行した。その結果、プロジェクトはようやく進み始めた。
- ▶ 要求定義を確定するためには、顧客である金融機関に今回開発する要求定義の範囲と制約の理解を深めてもらう必要がある。そこで、XX社の営業および顧客グループは個々の金融機関を回り開発ステップの方針、ならびに要求定義書を改めて詳細に説明した。その過程で要求定義を変更する際は、緊急度・重要度・影響度を確認しプライオリティを決めること、プライオリティの低い要求は今回の再構築計画から除くことも承知してもらった。
- ▶ AP開発グループは、要求定義と要件定義の相関を再レビューし、相互の関係を検証し要求定義の内容の理解を深めた。これによりB社からの問合せに対する回答内容が充実し、かつ、レスポンスも迅速になった。

　XX社が改善に取り組み始めてからは、XX社、B社およびステークホルダーのコミュニケーションが充実し、的確な情報交換が活発に行われるようになった。

> **SCENE 8**　K氏と交わした約束への違反、そしてプロジェクトの顛末

　B社側から要求のあった費用の増加問題は、XX社側として、管理グループが計画値と実績値の差異分析を行い、当初計画値をどの程度超過するかを予測し、その結果が出しだい、B社に説明するということになった。
　プロジェクトも軌道に乗り、XX社とB社のメンバー相互の信頼関係も構築されていった。

そのような状況のなか、AさんはXX社からの説明を待たずに、費用の増加問題に対して再見積りと請求書をB社の営業を通すことなく責任者のK氏に直接提出した。

　K氏はAさんのこの行動に対し憤慨した。その理由は、①本件は現在XX社で分析を始めたことをAさんも認識しているのに、なぜこの時点で再見積書や費用請求書を出すのか。②「契約に絡む変更・提案は営業を通すこと」を最初にAさんと約束したはずなのに、なぜその約束を無視するのか。というものであった。

　そして、Aさんにではなく、B社の営業に対して、B社の体制見直しを要請した。

3 ── プロジェクトの推移（②卓越した実践力を発揮できたケース）

SCENE 1　プロジェクト開始時のAさんの人間関係づくりの行動

　B社内では、AさんはO氏と本プロジェクトにおける互いのプロジェクトの関係や、PMとしての役割分担を確認した。このとき、O氏は、AさんがB社の事業部長なのでうまく協調してやっていけるか一抹の不安とプレッシャーを感じていた。

　AさんはO氏の心情を察してか「互いにPMである自覚をもち、対等の関係でプロジェクト運営にあたっていきましょう」と言葉をかけた。このAさんの言葉でO氏はプレッシャーと不安が消えていくのを感じた。

　その一方でAさんは、発注者であるXX社の責任者K氏とは納品物の検証方法や、仮に契約に絡む変更・提案が発生した場合には、必ずB社の営業を

通すこと、さらに、プロジェクト運営で互いに気づいた点は相互に遠慮なく相談し合うことを確認した。

> **SCENE 2** XX社からの追加の支援要請に対してAさんがとった行動

　AP開発の要件定義は、XX社が直接行うことになっていた。システムの利用客である金融機関との間で要求定義が確定した部分はスムーズに進んだが、要求定義が確定できない業務は、金融機関との再調整から始めねばならず遅れが生じていた。この状況をみて、要件定義の重要さを十分に認識しているK氏は、XX社が実施している要求定義や要件定義書の作業支援をB社として行うよう要請した。

　Aさんは、要件定義の支援要請を追加契約の形で提案することにした。それは、K氏からの要請は契約の範囲外だが、要求定義をおろそかにするとプロジェクトが失敗する可能性が高いと考えたからである。

　提案にあたり、AさんはO氏と以下のような意識合わせをしていた。
・XX社と金融機関の間で行われる要求定義、要件定義を把握することで、B社が請け負ったAP開発の生産性向上が期待できる。
・要件定義書の作成支援には、基盤支援PJメンバーも協力する。彼らは、これまでO氏配下でいくつものシステムの要件定義を経験しており、ノウハウをもっていた。
・XX社への要請には以下のように追加契約の形で提案する。

（その1）　当該作業にかかる工数と費用は別途費用扱いとする。
　（その2）　当該部分の開発費用は既契約の範囲を超えるので別途費用とする。

　XX社責任者K氏は、Aさんからの提案を条件も含めて快諾し、要求・要件定義書の作業支援をB社に別契約で発注した。

SCENE 3　要求定義の遅れはB社の支援で解消、醸成された信頼感

　要求定義が確定できない一番の原因は、業務運用に対する要求が金融機関ごとに異なっていることにあったが、B社の支援チームが加わり、検討が進み始めた。

　特に、支援チームが提案した業務のベンチマーキングと大手金融機関の業務運用事例が功を奏した。金融機関に提示した業務運用事例が要求の明確化に大きなヒントを与え、各機関との調整は短期間で完了した。そして、共同金融システム再構築で開発するべき業務の要求定義書・要件定義書の作成は、ほぼ1か月で収束した。

　この経緯をみていたK氏は、B社支援メンバーを高く評価した。以降、XX社のAP開発グループとB社のAP開発PJ相互のコミュニケーションも活発になり、ステークホルダーとのコミュニケーションチャネルも確立されていった。

SCENE 4　B社の設計作業とXX社内で高まるB社への信頼感

　B社側の設計作業では、AP開発PJは業務単位に要件定義書をレビューし、不明な記述などに対しXX社に問合せや追加検討を依頼した。このとき、要求定義支援を行った経験から、単なる質問や要望にとどまらず、一歩踏み込んで本質的解決策やXX社側の検討方法の提案も含めて検討依頼をすることができた。

　例えば、要件定義書で意味不明な記述があった場合は、単に不明点を質問するのではなく、「XX社内で要求定義を再度レビューするとともに、要求定義に基づいた要件定義になっているかどうかを検証願います」というように追加検討を提案するなどであった。

XX社側のAP開発グループも、要求定義の支援の際にB社のメンバーの実力を知ったこともあり、検討依頼やそれに含まれた提案や要望を聞き入れて対応した。

B社は、要件定義書のレビューが終了したものから順次、設計作業に入った。作成された設計書は、業務単位にXX社のAP開発グループの検証を受けた。初めは少しもたついていたものの、検証は次第に計画どおりに実施されていった。

SCENE 5 プロジェクトの終結と解決されたコスト増加の問題

これ以降、XX社、B社のステークホルダー間で互いの役割を再確認しながら円滑なコミュニケーションを確立し、それぞれに責任をもって役割を果たしていった。

そして、共同金融システムは予定どおりにサービス開始した。システムが稼働を開始して3か月後に、XX社はB社に対し開発費用を支払った。支払いには追加で発生した費用も全額含まれていた。

④ 発揮された実践力

B社は二つのプロジェクト体制でXX社と契約した。基盤構築支援を担当したPMは、大規模システム基盤構築のPM経験者であったが、APの受託

開発のPMは諸般の事情もあって開発を担当する事業部の事業部長であるAさんが自ら担当した。

XX社もB社も、基盤構築は問題なく計画どおりに進むと判断していたが、実際のAP開発では金融機関の業務要求のばらつきや要求定義の紆余曲折により要求定義書の確定が遅れ、計画どおりにサービス開始を迎えられるか不安をもっていた。唯一の好材料は、B社が金融システムの開発に多くの経験を保有していることであった。

4.1　ケース①のPM Aさんの実践力
1）最初の約束を必ず守るという責任感からの行動だが…

Aさんは、受託したAP開発の納期・品質・コストを厳守するというB社の立場のみを考えた**責任感（達成志向）**のみで行動している。例えば、次のような行動である。

- SCENE 2では、XX社のK氏からの「要求・要件定義書の支援」の追加業務を受けると、契約済みの開発業務が遅れるかもしれないと考え、契約範囲外という理由をつけて取り合わなかった。
- SCENE 4では、要件定義書提示の遅れに対しソフトハウス要員保留の責任がXX社にあるとの主張によって、ペナルティとしてXX社に請求しコスト増加を抑えようとした
- そして最後のSCENE 8では、工数増加はXX社責任で生じたとの主張により当然のように、しかもK氏との約束を破り営業を通さずにK氏に超過費用請求を直接提出した。

2）人間関係をうまく構築できないAさんの実践力の弱さが命取りに

SCENE 4の状況は、AさんとK氏との**コミュニケーション**の欠如が引き起こした問題であるが、これはAさんだけでなく、AさんとK氏、双方に責任があるともいえる。

しかし、このような場合には、どちらかといえば受注社のPMであるAさんが、発注社の責任者であるK氏との**コミュニケーション**を確立する働きかけを行いプロジェクトが円滑に動くようにしていかねばならない。やはりAさんの実践力が弱いということになる。

さらに、「開発工数増加の問題は、XX社の管理グループが分析を行ってから協議する」という取決めを無視し、かつ契約に関する事項は必ず営業を通

すというプロジェクト開始時に約束したことも無視して、K氏に超過費用請求を直接提出したことは拙速な行動であったといわざるを得ない。

事業部長として、会社の利益確保という**責任感（達成志向）**があまりにも強く押し出され過ぎてバランスを欠いた例であったといえる。

コミュニケーション能力の弱さと自分の立場しか考えない**責任感**という、実践力の弱さが、Aさんにとって最悪の結末を招く結果となったわけである。

4.2　ケース②のPM Aさんの実践力

1）約束を守る責任感と主要ステークホルダーとの協調関係を大事にするバランス

Aさんが受託したAP開発の納期、品質、コストを厳守するというB社の立場としての**責任感（達成志向）**をもとに行動していることは、ケース①と変わりはない。その一方で、関係者とは互いの役割・責任を全うするために協調関係を維持し、遂行していくことがプロジェクトの成功には重要と捉えて行動している。

つまり、Aさんは、AP開発プロジェクトを進めていくにあたり、一番身近な社内のO氏と的確な**コミュニケーション**でタイミング良くかつ的確な情報交換を行い、相互に補完し合うことで問題を効率的に解決しプロジェクトの成功に貢献している。

例えば、SCENE 2においてK氏からの「要求・要件定義書の支援業務」の要請に対しては、まずO氏に相談し要請に応じるメリットを見いだし、冷静に受諾し追加契約の形で提案する判断ができた。

2）責任感と協調関係のバランスが信頼を獲得し、顧客満足向上につながる

Aさんの上記のような行動の結果、B社のAP開発PJのメンバーはXX社から高い評価をもらうことができ、SCENE 3、SCENE 4にあるようにその後の関係や仕事がスムーズに進んでいる。XX社のAP開発グループのメンバーがXX社、B社双方のメンバーのモチベーションを高めるきっかけにもなっている。責任者のK氏との間にも相互の信頼関係が増していった。各種問題が発生したときでも、メンバー達は自信をもって積極的なコミュニケーションを行い、解決していくことができていった。

ケース②のAさんは、**責任感（達成志向）**とコミュニケーションがうまく

融合し、バランスのとれた実践力をもっているといえる。
　そしてSCENE 5にあるようにプロジェクトは無事集結し、B社にとっても重大なコスト増加の問題も売上げの増加という形で解決している。

成功のための処方箋

1. プロジェクトの成功には、立場の違いや組織の壁を越えた信頼関係の構築が必要になってくる。
   - 特に相手の職位が下なら、こちらから相手を尊重し対等な関係を築け。
   - 相手が誰であっても約束は確実に守れ。
2. たとえ契約外でも顧客の抱える問題は誠実・適正に対応せよ。それが自分の成功にも結びつく。
   - 要件定義支援の追加要求に応えることで、自社プロジェクトの生産性向上が図られ、さらに受注の拡大に結びついた。
   - 追加の支援要請を積極的に受けたことが、顧客がメンバーの力量を高評価するきっかけとなった。これにより両社のコミュニケーションを活発化させ双方のメンバーの士気が上がり、プロジェクト成功の近道となった。
3. 自社、顧客双方の約束順守を両立させる（達成志向の）責任感が良い結果を生む。
   - 自社側での自分の責任のみを考えた追加要請を受けないという行動が、顧客を困らせ、プロジェクトを混沌状況に導き、泥沼に引きずり込んだ。
   - 自社側の利益確保のみを考え、約束を破るという基本を逸脱した行動が顧客を怒らせ、最悪の事態を招いた。

事例 6 プロジェクトマネジャーの状況判断がすべてを決める

※ 本事例は、PM本人の視点から述べたものである。

1 ── 背景と状況

1.1 背　景

　本プロジェクトは、直前に終了したU国中央銀行のプロジェクトと、その規模および内容も同じような電子決済システム開発プロジェクトであり、顧客はH国の中央銀行であった。

　U国でのプロジェクトは成功裏に完了し、長いU国駐在から帰国し、日本で休息の日々を過ごしていた。

　ある日、H国より「U国中央銀行のシステムがうまく稼動しているとの話を聞いて、ぜひH国の中央銀行のシステムの開発をやってもらいたい」との連絡が会社にあった。

　内容を聞いてみると、H国の中央銀行のシステムは下図に示すような中央銀行の決済システムと電子小切手処理システムの二つのシステム構成とのことだった。この要求内容はU国において実施したシステムとは少し異なっていた。

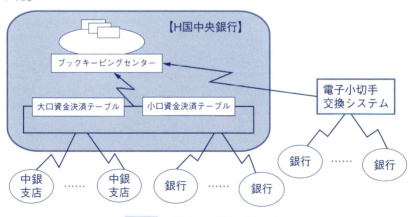

事例6　H国中央銀行決済システム

電子小切手処理システムについては初めてだったので、まずはこのシステムの内容について理解する必要があると判断し、日本の全銀協（一般社団法人 全国銀行協会）やメーカーに接触し、その処理プロセスやシステムの構成についての調査を行った。

　その結果、基軸となるシステムは、U国で経験したものとあまり変わりはなく、そして小切手システムは機械的処理であり、詳細はメーカーとの協力でやれば問題ないと判断し、提案書を提出した。

　しかし、それでも提案時に気になったのは、U国で開発したOSとアプリケーションの間を取りもつSMS（Service Management System）というシステムをそのまま使用できるかどうかということだった。

　そのため、提案コストについては既開発のSMSを全面利用できることを前提とした条件をつけて出すことにした。

　その理由は、本プロジェクトは当初、顧客から随意契約との話であったこと、そして、まだ詳細な要件が決まっていない状況での開発にはリスクもあることが懸念であったのでU国と同じように基本設計は実費精算方式と考えていた。

1.2　状　況

　前述の背景に示した考えのもと本プロジェクトの提案を考えていたが、顧客が急に、「シンガポールの会社が当該システムをパッケージで提案してきているので競争入札・一括方式で本プロジェクトを実施する」と伝えてきた。

　そのため、なるべく低コストで提案する必要があるということになり、U国で最も開発に時間を要した既開発のSMSを使用した一括方式で提案することになった。

　このとき、「この種のシステムは先進諸国が独自にそれぞれの国で開発しているので、パッケージ化されたものはないはずだが？」との疑問をもったものの、受注優先という会社の指示で一括請負契約ということになった。

　その結果、それから何日かして中央銀行から我々の提案が一番良い内容ということで、提案書の内容についての説明を求めてきた。

　いよいよ、顧客との交渉ということで、プロジェクトの中心メンバーをそろえてH国に出かけていくことになった。

　H国に着いたその日、この国ではデモの真っ最中であり、大きな暴動に発

展しつつあるとの噂も立っていた。着いたその日にはどんどんデモが激しくなり、これまでH国を何度も訪れたことのあるプロジェクトマネジャー（PM）でも経験のないような状態が発生していた。夕刻になるとホテル近くの不夜街の明かりや名物の屋台がいっせいに消えて、真っ暗となった。2日後には顧客との会議が入っていたが、外に出ると危険と思い、次の日はホテルで顧客との会議の前打合せをしながらこの暴動が治まるのを待った。

その夜のテレビ放送では、軍のトップと政府側のトップらしい2人がH国の国王の前で（H国語だったので意味不明であったが）神妙な態度で王様の苦言を聞いているようなようすを映していた。翌日の朝は、ホテルの周りのようすからみても暴動は治まったようだが、ホテルの人の話では、政府庁舎のほうではまだデモが続いているようだった。

この様子であれば「明日はいよいよ顧客との会議だ」と思い、チーム全員で積極的に会議の準備を行い、張り切っていた。しかし、それでも心の中では、中央銀行も政府庁舎の近くにあるので、危険なのではないかと翌日のことを心配しながら「明日はデモも終わるだろう」とその日は早めに床に就いた。

そして、朝になりデモの情報はあまりなかったので、何はともあれ中央銀行に出かけることにした。タクシーを拾って、「中央銀行へ」とお願いしたところ、タクシーの運転手は料金上乗せを危険手当として要求してきた。これを聞きなんとなく不安になったが、ともかく中央銀行に向かった。

道の途中には、暴動の後の残骸や焼けた車などがまだそのままになっていて、中央銀行に近づくにつれデモ隊の騒ぐ声が聞こえてきた。それでもなんとか中央銀行に到着し、会議室に入り会議を開始することができた。

初日の会議は提案書の技術的説明であり、契約内容についての確認などを行い、この日に出された質問については「検討後、翌日回答する」ということで無事に終わることができた。

② プロジェクトの推移（①実践力を十分に発揮できなかったケース）

SCENE 1　危急時にPMが冷静さを消失、交渉が不完全に

　会議は前日に続き行われ、最後にプロジェクトコストの交渉に入った。

　契約内容や技術的な話が最終段階に入ったところで、最後に残った問題として当方が提案したSMSについて顧客要望との間に大きな食い違いが発生していることが明確になってきた。そのため、その条件についての打合せに入ることになった。

　提案のSMSは、今回のシステムにそのまま利用することができず、改造が必要となることが判明し、その改造コストについての話し合いが始まった。それから少し経ったとき、突然、会議場所の近傍で大きな爆発音と黒煙が立ち上がり、さらにそれが数度も発生した。

　顧客も我々も浮き足立ち、その交渉も中途半端になり、性急な交渉となり不満ながら、PMとしてもこの状況でのこれ以上の交渉は無理と思い、交渉を打ち切った。

SCENE 2　業務運用チームのトップからの難題に対する不適切な対応

　帰国後、PMは変更交渉を中途半端なまま打ち切って帰国したことに後悔しながら、その交渉結果についての返事を待つことになった。

　そして、数日経ってから、H国中央銀行から正式に契約したいとの連絡が入り、再度H国に行き、契約調印を行い、そのまま基本設計に入った。

　基本設計もすでに契約交渉の時点で大枠の内容は確認していたので、大きな齟齬もなく、良好な状態で話は進んでいた。

　ところが、これまで一度も顔を出さなかった中央銀行側の業務運用チームのトップが会議に出てきて、多くの難題が出された。

　例えば、次のような要求である。

- ▶要求1：本システムを世界一のものにするため、アメリカFRBやイギリス中央銀行のシステムの調査を行ってほしい。
- ▶要求2：小切手システムについて、20年先を見据え完全に電子化され

たシステムの将来像も描いてほしい。
- ▶要求3：本システムの最適性を検証してほしい。

　我々としては寝耳に水であり、これらの要求はこれまで提案してきたシステムの見直しなどにも影響し、懸案のSMSの問題も中途半端なものとなっていることから、コストやスケジュールに影響があることを理由に即座に断った。

　しかし、顧客もかなり強くこれらの検討を要求してきたので、顧客との関係も大事と思い、要求3を除いて、いくつかの件は以下のように交渉し妥協してもらった。

- ▶**要求1について**：我々としてはまったく連絡する手段も人もない。むしろ、中央銀行側がそれぞれの中央銀行と関係をもっているので、基本設計終了後にレビューしてもらい、我々にそのコメントを知らせるようにできないか。一方、世界一といわれている日本銀行のシステムは、現在我々が開発中のものとほとんど同じなので、我々の側でも日本銀行と接触する。
- ▶**要求2について**：誰もが将来像はわからないし、現状のコストにも影響しないので、日本の全銀協やメーカーとも相談し、彼らの意見も聞き、想像たくましくその将来像を作成する。
- ▶**要求3について**：システムの最適性とは何を意味するのか、日本のシステムを開発した兄弟会社の助力を得て、いろいろなシステム構成と使用メーンフレームの型式について説明する。

　それぞれの提案は了解されたものの、主に要求3がネックとなり、このため、基本設計も進まず時間ばかりが過ぎ、顧客との関係もぎくしゃくし始めた。

　いろいろな技術的視点からの検討と中央銀行との交渉などで、約1か月間この件にかかりきりとなり、スケジュールも1か月遅延となった。中央銀行側も業を煮やし「我々の求めているシステムの最適性とは、本システム導入にあたっての経済的最適性とそのメリットデメリットを示してもらうことです」とのことだった。

　「しかし、これは一般的に顧客側がシステムを導入するにあたってやらねばならぬことではないのですか？」と反論したが受け入れられず、ここで業務はストップしてしまい、時間ばかりが経ってしまった。

なぜなら、我々は、最適経済性の検討などは本システム導入前に顧客が当然やっておくべきものとの考えをもっていたので、まったく眼中にない検討項目だった。
　また、もしこの要求を受け入れてしまえば、時間やプロジェクトコストも大幅に増加するので簡単には受け入れられる状態ではなかった。
　最終的には顧客も本システム導入を決めた手前もあり、顧客内部での検討で「本システムの完成が最も優先すべきであるので、基本設計はそのまま続け、最適経済性の検討は基本設計終了後、システムの全体コストと運用コストが明らかになったところで顧客自身が行う」ということとなり、恩を着せられた形でこの件は終わることになった。そのため、中央銀行との関係も最悪なものとなり、心配していたSMSについての条件交渉もままならない状況となっていた。

SCENE 3　PMの顧客要求の確認やコミュニケーションの徹底に問題

　それでも、我々としては、基本設計やハードウェア仕様がまだ決まらないのに正確な最適経済性に関する計算などできるはずがないと思っていた。しかし、我々にも、最適性の意味を確認せずに意味を取り違えて技術的側面での最適性のみを追いかけていたことに原因があると反省しなければいけない側面もあった。

　このようにいろいろな曲折があったが、その後はSMSについてはプロジェクトへの影響を最小限にするような技術的工夫を行ったためコスト的影響は小さく済み、詳細設計、プログラミング、各種検査、運用試験へと進み、終

結を迎えることになった。

しかし、結果的にはプロジェクトスケジュールは大幅に遅れ、そしてプロジェクトコストもかなり予算よりオーバーとなり、プロジェクトとしては失敗であった。

3 ── プロジェクトの推移（②卓越した実践力を発揮できたケース）

SCENE 1　危急時のPMの冷静沈着な判断と対応による有利な交渉

デモは、次の日も相変わらず中央銀行の側で行われていた。

会議は前日に続き行われ、最後にプロジェクトコストの交渉に入った。

契約内容や技術的な話が最終段階に入ったところで、最後に残った問題として当方が提案したSMSについて顧客要望との間に大きな食い違いが発生していることが明確になってきた。そのため、その条件についての打合せに入ることになった。

提案のSMSは、今回のシステムにそのまま利用することができず、改造が必要となることが判明し、その改造コストについての関連の話し合いが始まった。それから少し経ったとき、突然、会議場所の近傍で大きな爆発音と黒煙が立ち上がり、さらにそれが数度も発生した。

このとき、PMは冷静になって外の状況をみた。まだデモはかなり離れたところであり、顧客の態度も一時より浮き足立っているような素ぶりはなかった。

しかし、当方のチーム員はこのようなことは初めての経験であり、かつ前日からの状況をみているので不安も倍加し、冷静さを失っていた。

PMはこのままだとまともな交渉はできないと判断し、顧客に対してこの会議を一時中断とし、デモの状況により再開するという約束を交わしホテルに戻った。

幸いにも、交渉中断による時間的余裕により課題となっているSMSの検討をすることができ、その後に中央銀行からデモの鎮静化と会議の再開の連絡があり、チーム員の同意を取り付け中央銀行に出かけた。

なおこのとき、提案時に聞かされていた競合相手については、すでにいな

いか、中央銀行側のブラフ作戦であったと確信し、少し強気の交渉に出てもよいと考え再度の交渉に臨んだ。

その結果、満額回答ではないものの提案時の条件を飲んでもらうことができ、SMS利用の件についてはWin-Winの関係で交渉を終えることができた。

PMを中心とした交渉団は交渉終了後、中央銀行に丁寧なあいさつをし、日本に帰り、交渉の結果を待つことになった。

SCENE 2　業務運用チームトップからの難題に対する適切な対応

数日経ってから、中央銀行から契約したいとの連絡が入り、再度H国に赴き契約調印を行い、そのまま基本設計に入ることになった。

基本設計もすでに契約交渉の時点で大枠の内容は確認していたので、大きな齟齬もなく、良好な状態で話は進んでいた。

ところが、これまで一度も顔を出さなかった顧客側の業務運用チームのトップが会議に初めて出てきて、以下のような難しい要求を次々と出してきた。

▶ **要求1**：本システムを世界一のものにするため、アメリカFRBやイギリス中央銀行のシステムの調査を行ってほしい。

▶ **要求2**：小切手システムについて、20年先を見据え完全に電子化されたシステムの将来像も描いてほしい。

▶ **要求3**：本システムの最適性を検証してほしい。

我々としては寝耳に水の要求であり、スケジュールやコストにも影響があることから、基本設計が始まった段階でこの要求を飲むことは難しいといったんは断った。

しかし、顧客との関係や今後の作業に影響もあると思い、「なぜ今になってこのような要求が出てきたのか、またどのような目的なのか」をその場において確認した。

そして、それらの要求に対してチーム内で検討した結果、PMは以下のように中央銀行に説明し、納得してもらった。

▶ **要求1について**：我々としてはまったく連絡する手段も人もない。むしろ、中央銀行側がそれぞれの中央銀行と関係をもっているので、我々の基本設計終了後にその基本仕様を送ってみてもらったほうがよい。基本設計終了後にレビューしてもらい、我々にそのコメントを知らせるよう

にできないか。一方、世界一といわれている日本銀行のシステムは、現在開発中のものと同一なので我々の側で日本銀行とも接触する。
▶ **要求2について**：誰もが将来像はわからないし、日本の全銀協やメーカーとも相談し、彼らの意見も聞き、想像たくましくその将来像をなんとか作成する。
▶ **要求3について**：システムの最適性が何を意味するのか聞いたところ、システム導入前と後の最適経済性を指していることがわかった。しかしよく考えてみると、基本設計を終了しなければメインフレームを含むハードウェア関係のコストもわからない。

また、中央銀行側の当該システムの導入前後の所要コストを早急にまとめることも難しいということを説明し、必要な資料がそろったところで互いの協力のうえ行うことで了解された。

SCENE 3　PMの適切なコミュニケーションの徹底が奏功

さまざまな曲折があったが、基本設計は無事完了した。その後は、上記に示した問題についても説明した内容に沿って中央銀行の協力のもと基本設計終了前に完了することになり、残った課題は詳細設計の段階で並行して検討することになった。

これにより、スケジュールやコスト面での問題も極小に抑えることができた。

そして、以降に続く詳細設計、プログラミング、各種検査、運用試験へと進み、プロジェクトの終結を迎えることになった。

4 ── 発揮された実践力

SCENE 1　冷静沈着な状況判断と交渉方法

　ケース①の場合　デモの状況を自分の目で確かめ、会議に大きな影響があるか、また顧客のようすはどうか、そして一緒にいるチームメンバーの状況はどうかをみてPMは適切な行動をとる必要があった。
　PMの状況判断の稚拙さがすべての原因となっている。
　状況確認もしないで、皆と一緒に爆発音に浮き足立ち、この交渉を早く終えて安全な場所に逃げることに集中し、交渉を中途半端にして、まともな交渉もできずに終了してしまった。
　ケース②の場合　ケース①の逆であり、冷静沈着に状況の把握を行い、会議の一時中断と後日再開の約束を顧客と行うといった行動をとり、課題の交渉の続行を可能にした。
　そして、この交渉のときに重要な交渉項目としていたSMSの件についても、ケース①の場合は十分な議論もできず終了となったが、ケース②の場合は交渉の一時的中断によって課題となったSMSの検討をする時間的余裕をとれたこと、そして当初の競争相手の不在もわかってきたことなどから、提案時の条件を強気の交渉で飲ませることができた。

SCENE 2　PMの中央銀行との密なコミュニケーションによる難題の解決

　ケース①の場合　最適経済性の件については思い込みによる先走りが原因であり、余計な検討で時間ばかりが過ぎてしまい結局はコストもかかってしまった。
　最適性検討においても、中央銀行の思いを聞く時間は十分あったはずである。それを、PMの勝手な思い込みから最適性をシステムの最適性と判断し、余計な技術的検討に入ってしまい、時間とコストを消費し、かつ中央銀行の不興を買ってしまった。
　すなわち、付和雷同的なPMの行動の原因は、PMの経験や知識不足もさることながら、物事を冷静かつ効果的に解決していくといった判断力の欠如

とその後の関係調整力の未熟さによる。

ケース②の場合　中央銀行の求めていることを理解するため、中央銀行との良好なコミュニケーションにより適切な判断を行い、互いにその解決方法について納得し、将来の検討事項とすることで解決を図った。

SCENE 3　顧客要求に対する顧客満足を得るためのPMによる徹底した行動

ケース①の場合　当初から中央銀行の唐突な難問の発出に疑問を呈し、顧客の要求を詳細に確認するといった密なコミュニケーションによる真の要求を確認しないまま、自分の意見ばかりを述べていた。その結果、顧客の満足を得られないまま、最後まで残った課題であるシステムの最適性についても十分な顧客の理解を得られず、プロジェクトの終結となっている。

ケース②の場合　ケース①とは異なり、当初から顧客と密なコミュニケーションをとり、顧客が求める意味を理解しながら作業を行い、システムの最適性の意味も理解し、具体的説明で顧客を納得させ、詳細設計の段階に入った。

成功のための処方箋

1. デモ時の爆発音での冷静沈着な状況分析による判断力。
2. 難題要求が出されたときの顧客対応における、不断の良好なコミュニケーションと調整力。
3. システムの最適性についての解決法を顧客に示し、顧客を納得させ、その後の約束をとりつけた（説得力）。
4. どのような状況においても物事を解決しようとする責任感。

単純な試験作業を楽しみに変え、メンバーのやる気を引き出す。人の気持ちのマネジメント

携帯電話決済サービスの総合試験プロジェクト

1 ── 背景と状況

1.1 携帯電話の総合試験は50機種以上の実物を使う時間との闘い

携帯電話は競争の激しい市場であり、機種の多様化とともに数種類の新機種が数か月おきに次々と発売される。一方、携帯電話向けのITCサービス開発では、提供サービスの品質を担保するために、機能的に古くなった一部の例外機種を除き、市場に出回っているすべての機種の実物の携帯電話を使った総合試験を行うことになっている。

特に、定期的に同時期に複数種類発売される新機種は、機種ごとに2,000項目近い試験項目を2週間で行わなければならない。すでに発売済みの50機種以上に対しても同様の試験を3〜4週間で実施する必要があり、全体では10万件にも達する試験を1か月で行うことになる。いわゆる人海戦術の作業となる。

1.2 多くの作業時間を要するが、総合試験は簡単かつ単純

この総合試験チームのメンバーはリーダー1名、試験実施者10名、他に試験の仕様を管理する技術者1名の12名のチームである。

総合試験チームのプロジェクトマネジャー（PM）のAさんは、今回の総合試験については以下の考えであった。

試験作業そのものには、特殊な技術を必要としない。したがって、手順書をきちんと整備すれば、誰でもできる。ただし、試験の対象機種が多く、作業時間は相当かかると思われるので分担をどうするかを考えなければいけない。それさえうまくできれば特に大きな問題もリスクもないだろう。

1.3 試験準備段階の作業とメンバー12名のチーム編成と分担

Aさんは、試験準備として、今回提供する携帯電話向けの決裁サービスの試験シナリオの作成を計画した。シナリオは、まず標準シナリオをつくり、

これをもとに機種ごとのシナリオにカスタマイズする。そして10人のチームを二つに分け、機能設計書に従い、中項目単位に作成するチームを決め、作業指示を出した。

各チームのメンバーは、チームリーダーのもと予定どおり1週間で機能設計書をもとに標準的な試験項目と確認事項を抽出し、試験シナリオを確認すべき機能単位に作成した。そして、これを試験チーム全員でレビューし、標準試験シナリオが完成した。

次に対象機種ごとのシナリオづくりに着手した。試験対象は新機種4、旧機種60の64機種である。PMは経験のある2名のチームリーダーに新機種を2機種ずつ、旧機種は製造メーカーごとに分類し、2名1組の4組にして順次割り当てた。

全機種の試験シナリオと試験結果確認の様式は、でき次第全員でのレビューを行い、ほぼ2週間で完了した。

1.4 総合試験の準備完了、目標は5週間で完了

試験準備の最終段階として、Aさんは総合試験の分担と目標を、以下のとおり設定した。
- 四つの新機種に対して各1名、残りの6名は、発売済みの60機種を10機種ずつ割り当てる。
- Web進捗管理ツールに各自が前日の実施結果を翌朝の10時までに記録する。
- 試験項目は1,600件/機種、全体で102,400件。1日当たり4,200件の消化を目標とする。
- 試験期間は、XX年9月1日～10月4日（5週間、25営業日）

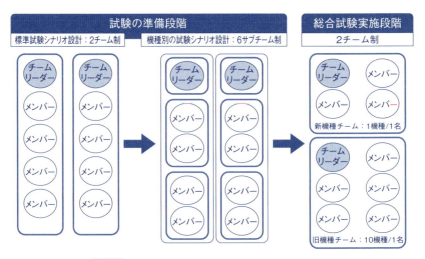

事例7　総合試験の実施メンバー10名の体制の推移

② ── プロジェクトの推移（①実践力を十分に発揮できなかったケース）

SCENE 1　作業開始から第2週。順調・順調・問題はなし

　総合試験作業を開始してから3日間は、目標の40～70％程度の消化であったが日々進捗率は向上していた。各自の進捗報告には「試験手順を確認しながら行っているため開始時点の消化率は半分程度である。習熟すれば、目標生産性は達成可能であり特に問題なし。対策は不要」と書かれていた。

　4日目より、急激に消化数が増加し、第1週の最終日である5日目には、4,500件消化した。次の第2週は4,200～4,500件の範囲で順調に試験消化が進んでいた。メンバーの進捗報告にも問題点はなく、PMはこのまま予備も使わずに計画どおり完了できるとの感触を得た。

SCENE 2　第3週。若干の効率低下が発生、休日返上で乗り切る

　第3週目に入った2日目に、1日の目標4,200件に対して実績は4,000件を下回った。メンバーの報告には特に問題の指摘はなかった。しかしながら、

続く3、4、5日目と消化件数は下り坂で、その週の最終日には2,000件台にまで落ち込んだ。3週目までの累計は、予定/実績＝63,000/56,000件で予定よりも7,000件遅れとなった。これはほぼ2日弱の遅れに相当した。

Aさんはこれ以上の遅れは絶対に出せないと判断し、メンバーに対してその週末は休日出勤により遅れを取り戻すよう指示した。メンバーからは特段の不満も出ず、全員が出勤し第3週までの目標を達成した。

SCENE 3　第4週以降。低下する試験消化率、2週間遅れでやっと完了

次の月曜の朝、メンバーの1人から体調が悪いので休むとの連絡が入った。そのせいもあって、その日の消化件数は3,000件をやっと超える数字であった。結果的に第4週は12,000件消化、あと1週間で約28,000件残りとなり、期限内の完了はほぼ絶望的となった。そして、結局2週間以上遅れの10月22日に総合試験を完了した。

SCENE 4　やっと完了したが、顧客からクレームが発生

総合試験が完了し引渡しが終わった次の日に、顧客から、PMのAさんに電話があった。新機種でマニュアルと違う表示が出たとのことで、クレームであった。

慌ててAさんは総合試験の結果を改めて確認した。すると第2週以降は、試験のやり直しが多く、最終的な確認画面のコピーもついていない試験報告書が次々と見つかった。

3 プロジェクトの推移（②卓越した実践力を発揮できたケース）

SCENE 0-1　作業開始の前に、PMのAさんは考えた

PMのAさんは今回の総合試験について、次のように考えていた。
▶ 今回の試験は、試験項目数が多いうえ、自動化が難しくメンバーが人手で携帯電話を操作しなければならない。そのため、人に依存する以下のような問題や課題が発生するおそれがある。そしてこれらを回避するためには、直接に試験を実施するメンバーを巻き込んで、内容や対策を議論することが大事である。

・長時間にわたって携帯端末を操作し続けることで、部分的な肉体の疲労が生まれる。その結果、精神的な苦痛も誘発する可能性もあり、生産性低下が懸念される。
・試験結果の効率的かつ正確な証跡の残し方を決めておかないと、試験の品質が担保できないおそれがある。
・チーム編成方法をどうすればよいのか（機能単位による流れ作業か、機種単位による割当てとするか）。

SCENE 0-2　メンバー全員の意見を吸い上げ、最終的な試験準備を完了

　PMのAさんは、総合試験の試験準備がほぼ整った段階で、試験の実施体制や実施方法について、メンバー全員で議論する場を設定した。
　最初は、メンバーから意見が出なかった。Aさんが例を用いて具体的に心配な事項を説明すると、少しずつメンバーから意見やアイデアが出始めた。そして活発な討議となった。例えば、携帯電話を自動操作するツールの開発を提案するメンバーがいた（ただし、準備期間がないということで、次回への引継ぎとした）。Aさんはこの打合せ結果をまとめ、基本は機能単位分割で行う当初スタート時の体制と方法を提示した。
　そして最後に、試験の実施方法やスケジュールを各チームのリーダーに作成するように指示を出し、Webで共有した進捗管理ツールに各自が毎朝、

実施結果を報告するしくみをつくって、総合試験の進捗を共有することにした。

SCENE 1 作業開始から第2週。日々の課題は全員で共有し考える

　総合試験が開始されると、AさんはWebで共有した進捗管理ツールを毎日チェックし、次の日の朝会で、その状況とPMとしての見解を必ず発信した。また、メンバーから日々指摘されたコメントや問題については、他のチームやメンバーに影響がある、または共通に出くわすであろうと思われる内容を必ず全メンバーで議論した。

　主な内容は以下のとおりであった。

▶生産性や、今後の類似試験に使えるノウハウをまとめながらやることで、試験の可視化が図られ、退屈な作業に刺激が生まれる。例えば、機能確認項目と携帯の機種のマトリックスを作成し、そこに試験実施結果を整理していけば、慣れによる効率アップや逆に同じ作業の繰返しによる効率や質の低下が可視化される。

▶ある程度の機種をやると、残りの機種の確認は単純作業で飽きる。スキルアップのために確認する機能項目を他のメンバーと替えることにしてはどうか。そうすれば生産性の向上や、遅れが出た場合のバックアップ（作業支援）も容易となる。

　Aさんは、Webによる進捗の共有とともに第1週目までの結果を、メンバーから提案された機種／機能試験進捗のマトリックスの形でまとめ、2週目か

らは、各自が結果をそこに書き込むように指示を出した。そうするとメンバーは、結果を書き込みながら試験品質についての見解や試験効率をどうやって維持しているかなどいろいろな意見を出すようになった。

SCENE 2　第3週からは作業入替えを実施。無事計画どおり完了

そして2週目が終わる最終日に機能項目の作業入替えをするように、ほぼ全員からの意見が上がってきた。

Aさんはチームリーダー2人と作業入替表を検討し、実際に入れ替えて第3週目以降の試験を実施することにした。

そして、最終的には予定どおり総合試験を完了し、無事引渡しすることができた。併せて、次のプロジェクトでも使えるいくつかの様式もプロジェクトに蓄積された。

SCENE 3　顧客から高い評価、会社でも表彰の対象に選ばれる

ちなみに、彼らが総合試験をした携帯電話決裁サービスは顧客からの評判もよく、試験品質が良いとの評価を受けた。また総合試験という比較的単純な作業のなかで、社内に横展開できる成果を出したということから、社内表彰の候補に選ばれた。

4 ── 発揮された実践力

4.1 ケース①のPM Aさんの実践力

1) "簡単な作業"という安心感が落とし穴。問題の原因に気づかないPM

Aさんは、このプロジェクトは特段のスキルも必要とせず、作業計画を立て進捗管理をきちんと行えば問題はないと考え、試験の作業計画ができた段階で準備万端と判断した。

全体5週間の試験期間に対しSCENE 1の第2週まではほぼ想定どおりだった。むしろ2週目は計画を上回る進捗で、これでうまくいくという実感さえあった。

SCENE 2の第3週で生産性低下の問題が発生している。しかしメンバーから具体的な問題提起がなく週末になって初めて問題の大きさに気づき、休日返上というアクションをとった。

このアクションへのしっぺ返しが次のSCENE 3の第4週の月曜日の状況につながる。社員の欠勤から始まり、せっかく取り戻した第3週よりもさらに生産性が低下し、そのまま打つ手もなく、予定を大幅にオーバーして総合試験を完了させている。

完了してほっとした矢先に、SCENE 4に示す品質問題を見落としていたことを外部から指摘され、やっとプロジェクトの失敗に気づくといったお粗末な結果となった。

PMのAさんは、大きく分けて次の二つの点で実践力が弱い。

●相手が生身の人間であることを忘れた。問題はすべてリーディング実践力の弱さから

一つ目は、リーディング全般の実践力である。仕事の内容や担当者の特性を考え、この仕事が"やらされるメンバー"にどう捉えられるかを考えることができていない。そのため、「単純作業」なので「計画と進捗管理のみ」というマネジメントになっている。試験に着手する前にメンバーと作業内容や、この総合試験を通して何をプロジェクトの目標にするかなど、メンバーを一人称にしてやる気を引き出す行動（動機づけ）をとっていない。そのような行動の必要性すら気がついていない。

●原因に的を当てない対症療法のアクションでは人間系の問題は解決できない

　Ａさんのもう一つの実践力の弱さは、SCENE 2で発生した進捗遅れに対してとった対症療法だけのアクションである。問題の真の原因を突き止めていないので、量をこなすアクションしか思いついていない。

　メンバーから不平不満を含む意見がまったく出ていないのも、前述のリーディング実践力の欠如からメンバーからも見放されている感がある。この状況になってしまっては人間系に起因する真の問題究明は自分でやるしかなく、メンバーから意見を引き出すことは絶望的となっている。認知力、特に人間系に起因する問題発見・解決力が弱いといえる。ケース①のPMは、事例では特に記述されていないが、基本的にコミュニケーティングの実践力が弱い。

4.2　ケース②のPM Ａさんの実践力
1) 簡単な作業にこそ存在する人間系のリスクを想定したリーディングの実践力を発揮

　ケース②のPMであるＡさんは、総合試験実施を開始する前のSCENE 0-1で今回の試験作業が人に依存する問題を秘めていると感じとり、これを解決するためにはメンバーの動機づけが最も重要であると考え行動している。具体的には試験の準備が整ってから、SCENE 0-2にあるように実施体制として、実際に試験を行うメンバーを巻き込んで作業のやり方や想定される問題を話し合って最終的な決定をしており、実際に試験を開始してから起き得る問題のメンバーとの共有もできている。

　この時点で、リーディング実践力がかなり発揮されているといえる。

2) 簡単な仕事もビジョンを与えメンバーを一人称にする。それが実践力

　総合試験という一見、作業レベルにみえることでも、それに対する方向づけが確実にできれば、それがビジョニングの実践力である。「ビジョンを描く」のように一見、高尚そうに捉えられがちなものだけがビジョニングの実践力なのではない。

　Ａさんは、SCENE 0-2で、メンバーをやる気にさせるチーム活性力、メンバーへの動機づけを十分に発揮しており、この効果は試験を実施しているSCENE 1、SCENE 2の段階でも発揮されている。

　試験期間中は終始メンバーとの意思疎通が図られ、SCENE 2にある入替

えもメンバーの意見をもとにしたアクションである。

3）単純な仕事に知的刺激を与え創意工夫を引き出す。発揮されたリーディングの実践力

ケース②のPMであるAさんは、単純作業による生産性低下の問題をあらかじめ想定し、単に作業をこなすだけという単純労働を知的活動に変え、メンバーの創意・工夫を引き出し、プロジェクトとしてのノウハウの蓄積にまでもっていっている。

その成果は、単に総合試験の予定どおりの完了という結果だけでなく、SCENE 3にあるように高品質な業務遂行による顧客からの高い評価と、社内表彰というおまけまで生み出している。

成功のための処方箋

　人は自分が面白いと思うこと、興味があることには100％以上の力を発揮する。それは自ら一人称でその対象に取り組むからである。その逆で、つまらない、興味のないことには能力の半分も発揮できない。明快な仕事も、単純で同じことの繰返しでは飽きる。"プロジェクトは人である"という原点に立ち返ることがリーダーシップ（特に動機づけ）の基本である。

1. 明快だが単純な繰返し作業になりそうな仕事を知的活動にシフトし、メンバーのスキルアップの機会に変え一人称で創意工夫する仕事のしくみを作っている。
2. ・面白い→一人称になる→集中力が増す→質が向上する
   ・つまらない→一人称になれない→集中力が下がる→質が落ちる
   という動機づけと結果の関係を熟知し、マイナスループに陥らないようプロジェクトの各局面でメンバーを活性化し続けている。
3. リーダーシップの原則は、人を一人称で動かすことである。その基本は本人から提案を引き出すこと。ただし、提案の引出し方は、相手により選択しなければならない。
   ・有経験者・高スキル者には、目的や問題を明確に伝え共有する。
   ・経験が浅い担当者には、質問などで自らステップバイステップで提案できるように誘導する。

などである。

先の見えないプロジェクト、ネバーギブアップ。窮すれば通ず

営業店システムの開発プロジェクト

 背景と状況

1.1 　全国集中型システムは顧客サービス向上の改善要望に応えられない

　某通信会社は、サービスの総合的な顧客対応システムを全国集中型で運用していた。営業所の窓口で受けたサービスオーダーには、回線敷設状況の確認、追加工事手配、電話番号決定、交換機の収容箇所の決定など、全体の工事スケジュール調整が伴うが、窓口では即座に処理できず回答には相当の日数が必要であった。このため、全国の営業所からサービス向上のためのさまざまな改善要望があったが、全国一律のシステムなので個別の要望には応じられずにいた。

1.2 　顧客サービス向上のため自由の利くシステム構築のヒントが研究所に

　常日頃、開通期間の短縮など顧客サービス向上を模索していたX地域の責任者K氏は、社内の研究部門の成果報告で知った簡易AP開発技術と、簡易にクライアント・サーバーシステムを構築できるAPプラットフォームに興味をもった。これらの技術を利用すれば、使い勝手の良い営業所業務の支援システムを自由に構築できるのではないかと考えた。そして、当該の研究部門の責任者Y氏に相談をもちかけた。

1.3 　研究所で特命プロジェクト発足、そして2人のプロジェクトマネジャーが任命される

　研究成果の社内展開を模索していたY氏は、K氏の要望に応えようと、AさんとB氏を中心とした特命プロジェクトを発足させた。これまで、研究部門では直接システム開発をした例がなく、営業所の要望である1年以内で完成させるには、信頼できる2人のマネジャーに任せるしかないとの考えがあったからである。

　Aさんは、特異な経験の持ち主だった。通常の研究者は多くて2分野程度の製品開発に携わるのだが、Aさんは当該研究所が開発するほとんどの製品

開発に携わった経験をもっていた。その経歴を買われ事業部門との調整業務も任されていた。Y氏は、Aさんを研究所側のプロジェクトマネジャー（PM）とし、研究所が提供するすべての製品の開発から営業所でのシステム構築までを任せた。もう1人のB氏は、大型システム開発のサポート経験があった。Y氏は、B氏を営業所側のPMの立場として、プロジェクト全体を引っ張らせることにした。

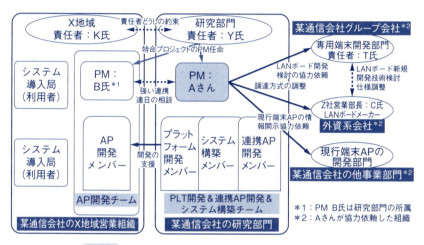

事例8 PM Aさんを取り巻く組織とステークホルダー

1.4 研究所Aさんチームが提案した新営業店システムにY氏は満足

そして、プロジェクトが動き出してから2週間後に、研究所側のPMであるAさんから、次のような新営業店システムの提案が出された。

1.5 新営業店システムの提案内容（下図を参照）

新営業支援システム（NSOpS：New Service Operation System）は、すべての顧客対応業務をサポートするものである。NSOpSの業務プログラム（AP）は研究所が提供する簡易AP開発技術を使って営業所の業務担当者が開発できる。またサービス開始は、要望どおり10か月後のXX年1月とする。NSOpSは、営業所の業務の効率化と顧客へのサービスを向上させるため、次の特徴をもつ。

▶ これまでサービスオーダーから派生する営業所内の各部門に対する工事依頼などは、従来は紙の依頼票（依頼される担当ごとへの複写式コピー）であったが、NSOpS内で自動処理して各担当へ依頼する方法になる。この結果、各部門間の連携と処理の効率化が図られる。

▶ NSOpSは、現在の専用端末だけでなく市販パソコンでも使える。また、現在使っているLANの10倍の高速LANを利用可能とし、サービス性を高める。

▶ 全国システムとの連携（他地域の営業所へのサービスオーダー依頼やデータの更新）業務は専用端末での操作が前提となっているが、NSOpSに全国システムとの連携機能を用意し、自動処理可能とする。連携機能はAPプラットフォームとともに、研究所が開発して提供する。

　この提案をみたX地域の責任者であるK氏は、この新営業店システムで顧客へのサービス向上が確実にできると確信した。

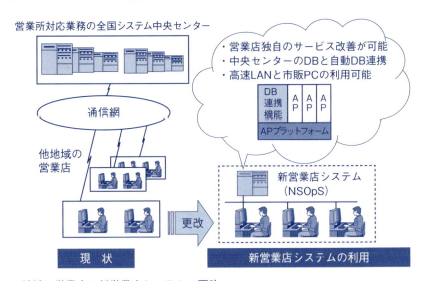

X地域の営業店は新営業店システムへ更改

事例8　研究所Aさんチームが提案した新営業支援システム（NSOpS）

1.6　プロジェクトには解決すべき二つの大きな課題があった

　Aさんは、提案書づくりと並行してメンバーを集め、プロジェクトの主要

課題を議論した。出された課題のほとんどはメンバーで解決できるものであった。しかし、次の二つはメンバーに任せられずAさんが引き取ることにした。

1)（課題1）　高速LANに対応できる新しいLANボードが必要

現在の専用端末は高速LANに対応できない。当該端末用の高速LANボードを新たに開発しなければならない。また、これを営業所が市販品として適切な価格で調達（購入）できるようにしなければならない。

2)（課題2）　全国システムのDBとリアルタイムな同期が必要

二つの全国システム（顧客管理系システムと料金計算系システム）のデータベース（DB）とリアルタイムに同期をとるDB連携機能の開発が必要であることが判明した。この開発は当初想定外であった。

DB連携機能は、端末操作のマンマシンインターフェースを疑似するプログラムとなり、現行の専用端末のプログラムや運用手順の調査が必要なこと、全国システムとの接続試験は、運用の主幹である事業部門の協力を仰がねばならないこと、接続試験にあたってはNSOpSに相当の品質保証や制約を求められ調整はかなり手こずると予想されることなど、相当な課題が含まれていた。

1.7　PM Aさんの課題へのアプローチ

Aさんは豊富な経験をもとに各課題を解決するための段取りを考え、これまで培った人脈を生かし調整すべき相手を洗い出した。

課題1は、1週間で目処がついた。専用端末の開発責任者のT氏と、以前から面識のあった外資系通信ボード会社Z社の営業部長C氏に相談をもちかけた。最終的にT氏配下の技術担当とZ社の開発部門との仕様調整の場を設定し、専用端末用の高速LANボード開発の確約をとった。そしてLANボードの開発は研究部門がZ社に委託し、製品は営業所が適正な価格でZ社から調達できるようにした。

1.8　課題2に大きな問題が潜んでいた。徐々に明らかになる困難性

課題2について、Aさんはまず現行の専用端末のプログラムを調べるために開発を担当している部門と打合せを行った。その結果、次のことが判明した。

▶ 専用端末のプログラムは共通部（PKG部）とAP部からなり、AP部は400〜500Kステップである。これまで年に1〜2回、定期的に機能追

加や改造を行っているのでプログラムは複雑となっている。
- ▶ AP部は、専用端末の入力画面に利用者が投入したデータを編集し、全国システムに送信し、その処理結果を画面に出力する。しかし、処理結果によっては次にデータ投入を促す画面が定型パターン以外の画面になり一律的には処理できない。
- ▶ AP部は画面ごとの投入データを処理するプログラムと、業務の流れをコントロールするシナリオプログラムから構成されており、プログラム平均1Kステップで総数は300本以上である。

1.9　プログラム規模の見積りは400Kステップ、短期間で開発するのは困難

　AさんはAP部の設計書を借用し、DB連携機能の開発を発注予定の製造会社のリーダーと、概略の見通しを立てるために、開発の規模や実現時期などを相談した。その結果は次のとおりであった。
- ▶ 全国システムとのDB連携は現行の端末業務とまったく同じマンマシンインタフェースの疑似が必要で、NSOpSの窓口端末から投入されるデータや処理結果を現行端末の対センターインターフェースに変換する機能が必要となる。
- ▶ したがって、現在の専用端末のプログラムと同じ400Kステップ以上の規模になる。

　PMのAさんは、単純にプログラムの開発規模からみても、この開発は相当困難になると考えた。

② ── プロジェクトの推移（①実践力を十分に発揮できなかったケース）

SCENE 1　DB連携機能を期限内に実現することは不可能か

　Aさんはこの結果を受け、「どう考えても、半年以内に400Kステップのプログラムを開発するのは不可能である。このプロジェクトがX地域の責任者K氏に約束した要件を満たすことは無理である。これまでいろいろ難しいプロジェクトを成功させてきたが今回は手に負えそうもない」と考えた。

SCENE 2　答えは見つからず開発は間に合わないため、ギブアップを宣言

　Aさんは、開発作業の組立てを含め、今まで経験して得たあらゆる知恵を絞って、実現できる答えを見つけようと検討したが、答えを見つけることはできなかった。そして上司のY氏と営業所側の開発のPMであるB氏に以下のようにギブアップ宣言をした。

- ▶本プロジェクトで必須な連携機能は、マンマシンインターフェースを疑似するプログラムとなり、約400Kステップの規模になる。開発は現行の端末プログラムの解析・設計・製造・開発環境での試験、全国システムとの結合試験という段取りになる。これを進めるには現行業務のノウハウのある事業部門の要員数名と相当額の追加予算が必要となる。
- ▶さらに、全国システムと接続する際は相応の高品質なものが求められるので、全国システムの疑似環境を試験環境として構築し、業務APの連動シナリオ試験を十分に行う必要がある。最終的な総合運転試験も必要であり新営業店システムのサービス開始は早くとも5月の連休明けになる。
- ▶しかも、肝心の現行の業務ノウハウのある人材確保の見通しが立たず、実現性は厳しい。全国システムとの接続試験での品質要求も厳しいため、スケジュールを短縮できる工夫はほとんどない。このプロジェクトは止めるべきである。

> **SCENE 3** 研究所責任者Y氏の決定はプロジェクトの中止であった

　AさんとY氏、B氏はさらに議論を重ねたが、実現性のある答えは見つからなかった。
　結局、研究所の責任者であるY氏はこのプロジェクトの中止を決定した。

③ プロジェクトの推移（②卓越した実践力を発揮できたケース）

> **SCENE 1** DB連携機能を期限内に実現することは不可能かと思われた

　Aさんはこの結果を受け、「どう考えても、半年以内に400Kステップのプログラムを開発することは不可能である。このプロジェクトでX地域の責任者K氏に約束した要件を満たすことは無理である。これまでいろいろな難しいプロジェクトを成功させてきたが今回は手に負えそうもない」と考えた。
　しかし、「通常のやり方では答えは見つからない。これまでもいろいろな難しいプロジェクトを成功させてきた。今までも一見、不可能だと思ったことにも必ず答えがあった。だから必ず解決の道がある」と考え、また、ギブアップしたくないという思いから、絶対に答えはあるはずだと自分に言い聞かせた。

> **SCENE 1-a** 答えは必ずある、現場・現物にこそヒントがあるとの信念

　まず借用してきた専用端末のプログラムの設計書、詳細設計書をもう一度自分の目で分析することにした。まる2週間、設計書を何度も読み返していると、ある規則性を発見した。そして、その規則性を利用すれば、以前に通信系プログラム開発を担当したときに学んだプログラム構成方法を使うことにより開発規模を大幅に小さくできるのではないかと考えた。
　そして、連携機能のプログラム開発を発注予定の製造会社のリーダーにそのアイデアを説明し、実現性とその場合の推定規模を見積もるように頼んだ。その結果は次のとおりであった。

3章 ● 事例からPM実践力を学ぶ

SCENE 1-b 見つかったDB連携機能を期限内に実現する答え

「提案どおり共通エンジン部と要素プログラム、そして業務シナリオを、テーブルでもつという作り方で実現できる。共通エンジン部は約30Kステップ、要素プログラムは1個あたり30〜50ステップ、そして業務シナリオのテーブルは比較的単純な要素プログラムのIDを登録するだけである。要素数は最大500個、シナリオは全国システムとの連携が必要なものだけに絞ればよく、最大300本となる。したがって、開発規模は60Kステップ程度＋テーブルのデータ定義（10Kステップ程度の開発工数）となる」

この報告を聞いてPMのAさんはこの方式ならば、専用端末のプログラムを1本1本疑似する方法に比べると格段に開発規模を小さくできると確信した。シナリオの定義には、現行の業務ノウハウが必要であるが、設計書をもとにこちらで作業し、専用端末のプログラム開発部門にレビューをしてもらえば、業務ノウハウをもった要員の追加手配は特に必要ない。

SCENE 2-a AさんはY氏とB氏に難問の解決を報告

Aさんは、これでいけると確信し、Y氏と営業所側のPMのB氏に以下のように報告した。

▶本プロジェクトで必須な連携機能はマンマシンインターフェースを疑似するプログラムであり、通常の方法では約400Kステップの規模になるので実現性はほとんどないと判断し、いったんはあきらめた。

▶しかし、さらに現行の端末プログラムを分析した結果、プログラムの構成を工夫すれば通常の方法で開発する場合のほぼ1割強の規模でできる

ことがわかった。細かな課題はあると思うが、K氏への約束は果たせると思う。予算・要員ともに現在の計画でいけると考えている。

SCENE 2-b 問題の経緯を理解したメンバーからはいろいろなアイデアが

Aさんはプロジェクトメンバーに、課題2についての検討経緯と結果を説明し、実現上の課題やスケジュール、作業の組立てについて影響点や追加の対応作業を洗い出し、これを全員でレビューし再スタートした。

実は、プロジェクトメンバーは全国システムにつなげるために相当な開発期間がかかりそうなので、プロジェクトは中止されるだろうと思っていた。しかしAさんの提案を聞いて、このプロジェクトは面白くなるかもしれないと感じた。そして、提案された方法に対して、どうすればうまくいくかについて、皆が積極的に意見を出し合った。

SCENE 3 問題発生するもネバーギブアップのPMが成功を引き寄せる

その後、開発を進めるなかで、予期せぬ問題が次々と起きたが、Aさんのネバーギブアップの精神とメンバーや製造会社の積極的かつ献身的な働きのおかげで、予定どおりプロジェクトを完了することができた。その後、X地域に導入された新営業支援システムは、全国に波及し、数多くの地域で導入された。そして最終的には、某通信会社のサービスエリアの20％余りをカバーすることとなった。

発揮された実践力

4.1　どちらのケースのAさんも、さまざまな実践力を発揮できている

プロジェクトにおけるさまざまな課題に対して、課題の定義からはじまり解決策を導き出すまでにはさまざまな実践力が求められる。ケース①、ケース②のどちらのAさんも「1．背景と状況」に書かれた範囲では、必要な情報を幅広く集め、問題や課題を発見している。そして、そのために、プロジェクトメンバーを巻き込んで、解くべき課題を明確にして、それを共有するコ

ミュニケーティング、ならびに課題解決のために全体的視点をもって最も効果的な解決ができるよう関係者を洗い出し、解決の方向に彼らを動かす関係調整力や判断力といったエフェクティブネスなどの実践力が、随所に発揮されている。

4.2 違いは1点のみ、それは問題解決をあきらめない実践力

ケース①とケース②のAさんの大きな違いは、課題2に対する実践力である。どちらのAさんもSCENE 1では一度不可能であると判断している。

しかしこのときケース②のAさんは、さらに答えを見つけ出そうとしてSCENE 1-aの行動に移っている。そしてSCENE 1-bでは、発見した答えの裏づけをとり、一度あきらめかけた難問が解決したと確信している。自己規律のコンピテンシーが人並み以上にとても強いという点が、ケース①のAさんと異なる。

4.3 高い実践力の根底にはネバーギブアップの不屈の精神力

ケース②のAさんは、達成志向に基づく責任感が根底にあり、さまざまな知識や経験を駆使し、さらには自ら未知の領域までをも探求するという率先垂範と粘り強さ、課題解決力が並はずれて高い。この行動や姿勢は、SCENE 2 bにあるように、プロジェクトを活気づかせ、メンバーのやる気を引き出し、組織としての力を増強させるという相乗効果を生み出している。そしてこの「必ずプロジェクトを成功させる」という不屈の意志が究極のPM実践力であるといえよう。

成功のための処方箋

　冷静に情報を収集・分析し、最も効果的かつ実現性の高いアクションを選択し実行する。それを常に続けていくことがプロジェクトの成功の基本である。しかし、ときとして答えの見つからない未知の課題や問題に遭遇することがある。このようなときに、冷静に分析・判断し、勇気ある撤退宣言をしても誰もPMを責めることはないだろう。

　しかし、最後まであきらめずに、もがき、苦しみ、絶対に答えを見つけ出そうとする執念、ときとしてこのネバーギブアップの精神力がプロジェクトを成功させることがある。

　火事場の底力、必要は発明の母、そんな言葉がPMの実践力の根底にある。ある種の精神力といえるが、それは人の知能・行動を強化する魔法の力である。自分を信じるという自信、絶対に答えを出すという強い意志、そこから解決の閃きや行動が出てくる。

　「どんなことがあっても必ず成功させる」という意志が実践力の極みである。

事例 9

ビジョンを描けないリーダーは、プロジェクトを動かすことはできない

受託システム開発プロジェクト

1──背景と状況

　XさんはIT企業のA社のプロジェクトマネジャー（PM）として活躍してきた。現在は業務システムを開発する部門で、10名の部下を率いる課長に抜擢された。Xさんは、組織マネジメントを任せられたので、これまで実施してきたプロジェクトマネジメントのスキルを生かして、マネジメントのスキルにいっそうの磨きをかけている。

　そんなとき、A社では、大規模開発プロジェクトを受注し、このプロジェクトのPMにXさんが選ばれた。Xさんは今までの経験を生かして、スコープを定義するとともに抜け漏れのないWBSの作成、スケジュール、資源配分を考慮した体制図、各種会議体と活用するフォーマットなど、プロジェクトマネジメントに必要な準備を確実に実施した。

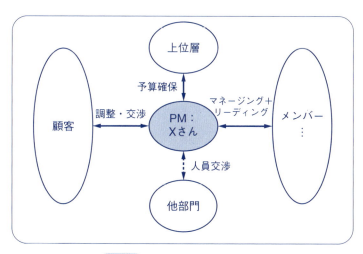

事例9　ステークホルダー関連図

② プロジェクトの推移（①実践力を十分に発揮できなかったケース）

SCENE 1　キックオフミーティングで発表された綿密なプロジェクト計画

　参加メンバーは、キックオフミーティングで綿密なプロジェクト計画の説明を受けて「さすがXさんだ。このような計画ができているプロジェクトはうまくいきそうだ」と感じた。

SCENE 2　着実で、継続的なマネジメント活動

　プロジェクトを開始すると、Xさんは、毎週の進捗管理、要員の勤務管理、収支管理、生産性管理、品質管理とまさにマネジメント力を最大限に発揮して、プロジェクトのマネジメントを進めていった。業務時間中の仕事以外の活動などには厳しく目をこらし、プロジェクトの状況の報告を求めた。これはまさに「着実で、継続的なマネジメント活動」こそが、プロジェクトの成功に結びつくというXさんの信念に根づいたものであった。

　プロジェクトの前半フェーズでは、Xさんの綿密な計画と日々のマネジメントによって、着実に進捗していった。しかし、何人かのメンバーは、Xさんの細かい管理に少々窮屈さを感じており、昼食時などにはあまりにもまじめすぎてやりにくいなどと話をしていた。

　プロジェクトが後半に入ると、「発注先のプログラムにバグが多発しているのですが、どうしたらよいでしょうか」「スケジュールの遅れが発生していますが、Xさん、どのように対応したらよいでしょうか」といった報告が数多く出るようになった。対応策を考えるように指示しても、「その件は、Xさんに報告したとおりですので、後はよろしくお願いします」「顧客から問合せが入っていますので、Xさんからお返事をお願いします」といった発言がメンバーから相次いだ。その件はあなたが担当ではないのかと尋ねても、「すべて報告しており、Xさんはご理解されているはずですので、よろしくお願いします」との答えが返ってくる形になった。

SCENE 3　すべてを背負い込むPM

　この結果、すべてのQCDの管理をXさんが行わざるを得なくなり、最終的には納期遅延・予算オーバーで、稼動後もさまざまなトラブルが発生することになった。

3　プロジェクトの推移（②卓越した実践力を発揮できたケース）

SCENE 1　キックオフミーティングで共有されたプロジェクトへの思いと計画

　Xさんは、策定した計画の背景やプロジェクトの目的を明確にして、社長に説明したうえで、キックオフミーティングに先立って、主要メンバーに対して、このプロジェクトがA社にとって、今後の事業展開の要となるプロジェクトであり、このプロジェクトに加わるメンバーは、社長の了解を得て選定された優秀なメンバーであることなどを説明した。

　プロジェクトを開始すると、まずはキックオフミーティングが行われ、社長のこのプロジェクトにかける思い、PMであるXさんの思いとプロジェクトの目的、概要の共有が行われた。メンバーはすでにある程度の内容は把握していたものの、社長やPMの話の中でこのプロジェクトの重要性を改めて認識することができた。さらに、通常の計画以上に綿密な計画が必要なことから、担当ごとの詳細計画を主要メンバーが自ら作成するように依頼し、それらの詳細計画に基づいて全体計画を確認したうえで、担当部分についての確実なマネジメントを行うように依頼した。

SCENE 2　任せて生かすメンバーの力

　プロジェクトが動き始めると、Xさんは定例ミーティングでの進捗、コスト、品質などの管理は確実に行うものの、日々の管理は担当者に任せて、むしろチームの生産性の向上を図るための職場環境やチーム相互の信頼関係を生み出すためのコミュニケーションに取り組んだ。時間を見つけては、作業現場で多くのメンバーと話をするとともに夜のネットワーキングなどもメンバー

の負担にならないように配慮しながら、積極的に実施した。

このようなコミュニケーションの場で、メンバーがプロジェクトの技術的課題を相談すると、Xさんは自ら課題を解決するわけではないが、どんな対応策を打てばよいのかをメンバーに確認して、課題解決ができる環境を準備した。メンバーは自ら課題を解決したという実感はもてたが、直接に指示を出してくれるわけではないので、「忙しくてモチベーションが下がっているようなときなどは自分たちのことを見てくれていないのではないか」と感じることもあった。

SCENE 3　適切な支援が自主性を生み出す

しかし、メンバーがなかなか解決できずに苦しんでいると、Xさんは、その技術に詳しい他部門の専門家とコンタクトをとって、相談できる体制を整えた。この結果、メンバーは、Xさんに相談することにより自らがスキルアップできたと感じられた。

また、顧客からの問合せが入った際も、「Xさん、画面変更の要求が顧客から入ったのですが、このような対応をすれば、基本部分に変更を加えずに対応できます。この件は私に担当させてもらってよいでしょうか」といった形で、自らの担当について、自ら考え、より高いレベルで対応することが好ましいという雰囲気が醸成されていった。

非常に難しいプロジェクトであったので、途中段階ではいくつかのモジュールでの納期遅れや予算オーバーが発生したものの、Xさんが自ら積極的に動いて、顧客に対して調整を行ったり、社内の他部門や上位層に対して人員増員や予算の確保の調整を行ったりした。この結果、他部門からの積極的な支援や予備費での対応が可能となった。最終的には、納期を遵守することがで

き、顧客の満足を得られる納入とシステムの安定稼動が実現できた。

発揮された実践力

　プロジェクトの実行には、マネージング（計画性、モニタリング）が非常に重要だが、併せてリーディング（ビジョニング、チーム活性力、率先垂範、動機づけ）実践力も発揮できないとチームメンバーの信頼は得られない。

　ビジョニングは「プロジェクトの目的を深く理解し、プロジェクトが困難な状況に陥った場合にも、その目的達成のため、プロジェクトの進むべき方向（ビジョン）を描き、その実現に向け行動する」ことである。

SCENE 1　プロジェクトの立上げに行うこと

　ケース①の場合　Xさんは、プロジェクトの開始時に計画の背景やプロジェクトの目的を明確にしてメンバーに伝えているが、一方的に伝えただけになっている。

　ケース②の場合　Xさんは、プロジェクトの開始時に計画の背景やプロジェクトの目的を明確にしてメンバーに伝えている。これに加えて、メンバーに対して、詳細計画の作成を依頼し、その内容を確認することで、全体計画の実現の可能性を確認している。これらの行動がメンバーの動機づけに結びついている。

SCENE 2　プロジェクト実行時の管理

　ケース①の場合　厳密な管理を実施しているが、その一方で、メンバーの自主性は徐々に失われていき、メンバーは管理疲れの様相を呈している。

　ケース②の場合　これに対して、ケース②のXさんは、実行段階での自主性の尊重によって、全員がプロジェクトの意義を信じ、PMを信頼、尊敬して、忠誠を誓っていることを目標としている。さらに、全員が役割を担うことで、プロジェクトの目的の達成をコミットすることといったチーム活性力（組織の生産性を向上させるため、メンバー相互の信頼関係を構築し、たとえ困難

な状況にあってもポジティブな行動を維持し続け、プロジェクト内においてメンバーがいきいきと行動できる環境を作り出し続ける）の向上を目指している。

SCENE 3　メンバーの自主性、動機づけ

ケース①の場合　メンバーは、自ら行動することをやめて、何もかもXさんが対応しないとプロジェクトが動かない状況になってしまっている。

ケース②の場合　顧客や社内の他部門、上位層との調整ではXさんが自ら率先垂範し、これによりメンバーはXさんからの支援を得ることができる。その結果、メンバーは自ら課題解決を行うことができ、また、自らのスキルアップを実感することで、動機づけの向上にもつながっている。

成功のための処方箋

　マネージングとリーディングは、PMに求められる実践力の大きな柱といえる。マネージングばかりでは、メンバーは自らの裁量度を感じられない。リーディングでプロジェクトの方向性を示したうえで、メンバーに任せることも重要である。もちろん、プロジェクト全体のQCDを管理することはPMの役割であり、マネージングとリーディングのバランスも重要である。

1. 立上げ時には、マネージングの役割に加えて、リーダーとして果たすべき役割を十分に認識し、プロジェクトの目的、目標を十分に理解するとともに、プロジェクトの目的達成のためにとらなければならない効果的で実現性のあるビジョンをつくって、メンバーに理解・納得させ、メンバーが自ら判断して前向きに正しく行動できる環境を整えている。
2. 実行時には、プロジェクト環境の変化に応じ、作成したビジョンを常に見直し、正しくビジョンを維持するとともにメンバーがビジョンに沿った活動を行っていることを確認している。
3. 顧客や社内の他部門、上位層との調整では、PM自ら率先垂範することで、メンバーの自主性も引き出している。

事例 10

プロジェクトでのコンフリクトは、早期の相互情報開示が効果的。争点を明確にして合意形成へ

物流システム開発プロジェクト

1 ── 背景と状況

1.1 システムの現状

運輸業であるA社では、全国のトラックの運行管理を行うシステムを再構築することになった。現行のシステムは、地域の物流拠点で拠点ごとに設置された拠点サーバーに収集した運行状況を、本社サーバーに集めるものである。集まった情報に基づいて、保有するトラックの最適運行を管理している。現行のシステムでは、トラックが地域の物流拠点に入るまでは顧客の荷物をいつ、どのように集配したかがつかめず、また、トラックの移動場所もつかめないので、リアルタイムな最適運行が行えなかった。さらに地域の物流拠点のシステムは、拠点ごとに複数の会社が開発したシステムを使用しており、運用の効率も悪い状況であった。

1.2 システム再構築の方針

そこで、今回のシステム再構築では、トラックドライバーが持つ携帯端末での集配状況、およびGPS（Global Positioning System）による位置情報をリアルタイムに本社のサーバーで集中管理することで、リアルタイムで効果的な運行管理を目指すことになった。さらに地域の物流拠点ごとのシステムも全社で統一することになった。

現行システムのうち、本社システムの開発と運用を受託していたB社は、この全体システム更改を受託することになった。全国を対象にした大規模システムになるので、過去に大規模なシステム開発のプロジェクトを経験したXさんがプロジェクトマネジャー（PM）に就任することになった。プロジェクトメンバーには、現行の本社システムを担当するメンバーに加えて、複数のメンバーが追加で参画した。

このシステムでは、全国のトラックの情報をリアルタイムに扱う必要があることから、データベースシステムにも高速なレスポンスが求められる。

Xさんは、現行のシステムで活用している国内のN社製のデータベースでは、性能的に対応できないのではないかと考え、実績があり、世界的にも著名なデータベースであるM社製を採用したいと考えていた。
　Xさんが、このように考えたのは、以下の理由による。

- ▶B社では、N社製のデータベースを長年活用してきたので、社内のノウハウやN社との関係はある。しかし、運行管理システムでの事例はあるものの、運行情報をリアルタイムに扱うには機能が十分ではなく、必要なレスポンスタイムを出すには課題があり、この部分を補うためのミドルウェアの新規開発が必要である。
- ▶M社製のデータベースは、B社での活用経験は少ないものの、市場での実績があり、市場シェアも高く、他社の多くの運行管理システムで活用されている。
- ▶さらにN社製を採用した場合に新規開発が必要と考えられるミドルウェアの機能は、M社製のデータベースではすでに提供されている。

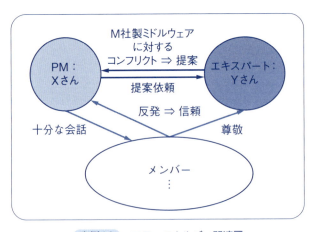

事例10　ステークホルダー関連図

② プロジェクトの推移（①実践力を十分に発揮できなかったケース）

SCENE 1　既存データベースシステムを推薦するエキスパートの存在

　要件定義フェーズで、データベースにかかわる要件を検討するB社内での

会議の場で、現行システムのデータベース設計とシステム開発を担当していたベテラン社員であるYさんが、N社製のデータベースの継続使用を提案した。

Yさんは、B社内でのデータベースシステムのエキスパートであり、これまでの業務ノウハウもあることから、メンバーの多くからYさんの案に対する賛成意見が出た。XさんもM社製のデータベースを活用するメリットを会議の参加者に説明したが、相互の案の利点を説明する形になり、なかなか結論は出なかった。そこで、PMであるXさんは、いったんこの件は、自分の預かりにさせてもらって、次回までに検討することにさせてほしいと参加者に話し、この件の検討は打ち切って、別の要件を進めることにした。Yさんは不満そうだったが、後でフォローしようと考えた。

Xさんは、会議後にYさんと話す機会をつくり、YさんからN社製のデータベースの利点を確認したうえで、改めて、M社製のデータベースの利点を説明した。この話し合いで、Yさんもある程度納得したようであった。

次の会議では、Xさんは、M社製とN社製の比較表をつくり、M社製を採用することを改めて説明した。Yさんも、事前に話をしていたので、会議の場では、反対意見を述べることはなかった。

要件定義が終了し、システム開発フェーズに入った。M社の技術支援も得られ、徐々にメンバーもM社製のデータベースのノウハウを修得し、順調にスケジュールに沿った開発が進んだ。M社製のデータベースが安定していることもあり、品質面でも問題はなかった。

SCENE 2　多発する要望の対応に追われる

しかし、ユーザーテストの段階に入り、地域の物流拠点からの個別の要望が次々と出て、多くの改修が必要となった。一部の機能は、M社製のデータベースでは対処できないものもあり、追加のミドルウェアを開発せざるを得ない状況となった。

SCENE 3　メンバーの不満が続出

メンバーからは、M社製のデータベースを採用したことによる利点をすっかり忘れ、Yさんの案を採用していれば、このようなことにならなかった

のにという不満の声が上がり、徐々にモチベーションも落ちていった。最終的には、納期を遅らせて、可能な機能から順に導入することで、システムは稼動したが、費用も計画を大きくオーバーしてしまった。

3 ── プロジェクトの推移(②卓越した実践力を発揮できたケース)

SCENE 1　エキスパートとの協力関係の構築

　要件定義フェーズのデータベースにかかわる要件を検討するＢ社内での会議の場で、現行システムのデータベース設計とシステム開発を担当していたベテラン社員であるＹさんが、Ｎ社製のデータベースの継続使用を提案した。

　Ｙさんは、Ｂ社内でのデータベースシステムのエキスパートであり、これまでの業務ノウハウもあることから、メンバーの多くからＹさんの案に対する賛成意見が出た。ＸさんもＭ社製のデータベースを活用するメリットを会議の参加者に説明したが、相互の案の利点を説明する形になり、なかなか結論は出なかった。そこで、ＰＭであるＸさんは、両者の案の利点だけでなく、その根拠やその確証（データ）をそろえたうえで、次回に検討することを提案した。この件の検討は打ち切って、別の要件を進めることにした。Ｙさんは不満そうだったが、後でフォローしようと考えた。

　Ｘさんは、Ｙさんはデータベースのエキスパートであり、業務にも詳しいことから、Ｙさん本人に、データベースシステムの比較検討を実施してもらい、納得して進めてもらうことが効果的ではないかと考えた。そこで、会議後にＹさんと話す機会をつくり、Ｘさん自身もどちらのデータベースシステムがよいか悩んでいることを伝え、いくつかのポイントと考えている評価項目を伝えたうえでＹさんに比較検討表を作成し、今後も活用できるような評価メトリクス（指標）に基づいて、両社のデータベースの比較検討を行ってほしいと依頼した。

SCENE 2　自発的に対応するエキスパートの役割

　数日後にＹさんから、比較検討表ができたとの報告があり、再度打合せを

行った。Yさんによると、M社製のデータベースにはさまざまなツールが整備されている一方、N社製のデータベースは慣れていることもあり、カスタマイズがしやすい。その中で、なぜM社製のデータベースに不安を感じるのかは、過去の開発において、地域の物流拠点からの個別の要望が出ており、現行のシステムでは、N社が個別に対応してくれているので、そのような要望に対応できているとのことであった。しかし、改めて比較評価をしてみると、M社製のデータベースのメリットも十分に理解できたということであった。

Yさんには、他に気になる点もあれば、次の打合せまでに整理し、そのうえでどちらの会社のデータベースを採用するかを、会議の場で議論することとしようと伝えた。

SCENE 3　エキスパートのノウハウが生きて、チームの一体感も向上

Xさんは、次の会議で、YさんにM社製とN社製の比較検討結果の説明を実施してもらった。Yさんは、両社の推薦根拠とその確証を説明したうえで、地域の物流拠点からの個別要望などの業務にかかわるリスクとその対策案を提言した。この説明とその後の議論によって、会議の参加者は、真の課題がM社製とN社製の比較にあるのではなく、業務の課題を事前に把握し、データベースの標準機能では吸収できない部分について、どのように対処するかが重要であることを認識した。

そこで、Xさんは、ミドルウェアの拡張機能を重視して、今回はM社製データベースを採用することを決定した。Yさんは自らの提言がプロジェクトメンバーに認められたことを認識したことで、M社製のデータベースを採用する際に必要な要件を明確にし、対応できるようなしくみを検討することを約束してくれた。他のメンバーもプロジェクトのリスクを早い段階で共有できたことで、チームの一体感も高まった。

要件定義が終了し、システム開発フェーズに入った。M社の技術支援も得られ、徐々にメンバーもM社製のデータベースのノウハウを修得し、順調にスケジュールに沿った開発が進んだ。一方、地域の物流拠点からの個別の要望については、要件定義の段階で確認を行っておいたことで、追加の要望はかなり出たものの、Yさんが検討してくれたミドルウェアを前もって開

発したことにより、吸収することができた。このミドルウェアの開発には、追加の費用とリソースが必要になったが、事前に計画変更を行ったことにより、納期に遅れることなく開発することができた。

4 発揮された実践力

　PMは、プロジェクトにおいてさまざまな場面で意見の相違に直面する。その際に相手の意見への攻撃は、互いの感情論になってしまい、合意形成ができず、強権を発動しても不満が残るものである。

SCENE 1　要件定義フェーズで出たベテランメンバーからの提案への対応

　ケース①の場合　Xさんは、継続的なコミュニケーションの機会をもち、相手の意見もある程度聞いたものの最後は自らの意見を通してしまっている。
　ケース②の場合　Xさんは、自らも迷っていることを伝え、重視している点は明確に示したものの、エキスパートであるYさんに比較検討を行う評価メトリクス（指標）と比較検討表の作成を依頼し、Yさんが自ら納得して、選定を行ってもらえるように指導した。

SCENE 2　発生したコンフリクトへの対処

ケース①の場合　自らの意見を通すことでその場は抑え込んだものの、継続的な葛藤を残したまま進んでしまっている。

ケース②の場合　Yさんのもつ専門性を生かす行動を起こすことで、コンフリクト相手であるYさんを本来のチームの仲間としての位置に戻して、Yさんのもつ能力を最大限に活用することができている。

この例では、コンフリクトの実践力である「情報収集」や会話を通してステークホルダーのプロジェクトに対する考え方や意見を常に確認し把握し、プロジェクトの課題や問題、意思決定が必要な事柄における意見や立場の対峙関係（コンフリクト）を察知し、認識することができている。

SCENE 3　リーダーとメンバーとのコンフリクト

ケース①の場合　意見を抑え込んだので、メンバーは決定をPMの独断と判断し、すべての原因をPMに押し付ける行動に走ってしまっている。

ケース②の場合　意見の相違が出た場合も適切なコミュニケーション能力を発揮し、良好な関係を維持している。コミュニケーションを続けることで、状況に応じて柔軟に対応して、自らの不足している部分を理解し、対立する相手からも、なぜそのようなことを主張するのかの根拠やその確証を話させることで、自分が気づかなかったシステムを取り巻く環境に気づくこともできる。ケース②では、なぜYさんがM社製のデータベースに不安を抱いているのかをXさんが確認することで、新たな情報を引き出し、それを検討のテーブルに載せることで、会議の参加者の合意形成をM社製とN社製の比較にとどまらず、リスクも考慮した新たな案を形成することに成功している。

成功のための処方箋

　このケースのPMは、プロジェクトの成功に重要もしくはインパクトのあるコンフリクト状態に対して協調による方法で解決し、プロジェクトメンバーのより強い相互理解と英知を発揮させる状況を作り出せる行動ができている。

1. 検討会議において、会話を通してメンバーのプロジェクトに対する考え方や意見を確認し、プロジェクトの課題や問題、意思決定が必要な事柄における意見や立場のコンフリクトを察知し認識することが効果的である。さらに自らの困っていることも素直に提示して、メンバーとの協力関係を深めていることも重要なポイントである。
2. PMとメンバーが対峙する意見をもつときでも、互いに議論できる場を改めて設定して、本音を引き出す雰囲気の醸成、または問いかけや提案により相互の対立点の相互理解を醸成することが効果的である。さらにこの機会を通じて、エキスパートであるYさんの協力を得られる関係性も構築できている。
3. コンフリクト状態にも協調による方法で解決し、プロジェクトメンバーのより強い相互理解と英知を発揮させる状況を作り出せる行動ができている。これによって、リスクの予知という副次的な効果も生み出している。

事例 11

多様なメンバーの理解と尊重、そして自らの積極行動で、プロジェクトは成功する

大規模電気通信設備の多国籍プロジェクト

1 ── 背景と状況

1.1 背 景

本プロジェクトは電気通信事業を行う外国公社とのプライベート・ファイナンス・イニシアティブ（PFI）事業で、電気通信設備の新設を含む多国籍企業（特別目的会社：SPC）として合同で行う事業である。

その組織構成は以下のとおりである。

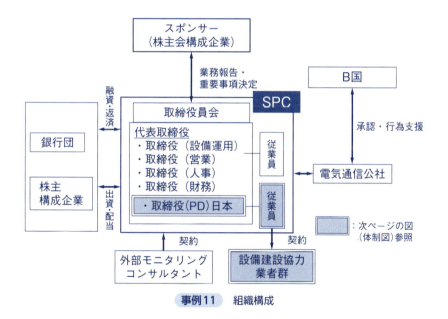

事例11　組織構成

参加企業の国籍は日本、A国、そしてB国の3か国からなるコンソーシアムで、顧客はB国の電気通信公社であり、このコンソーシアムの中には稼動後のオペレーション要員としても参加していた。

本プロジェクトはB国中部地区全域での既設回線の修復と新設であり、線

路システム、光伝送回線システムの新設、交換局の新設、無線システムの新設、そして総合コントロールシステムの新設からなる大型プロジェクトである。

　プロジェクトディレクター（PD）の役割は設備建設部門と企業戦略の各部門の統括で、プロジェクトマネジャー（PM）は、その配下で、建設部門の実行責任者としての役割を担うこととなった。建設部門の役割の重要性に鑑み、日本側本社は類似のプロジェクトで多くの経験をもつ人材をPDとして派遣し、それぞれの経験および地域の特殊性などを考慮し、次の図に示すような体制の下で作業が開始された。

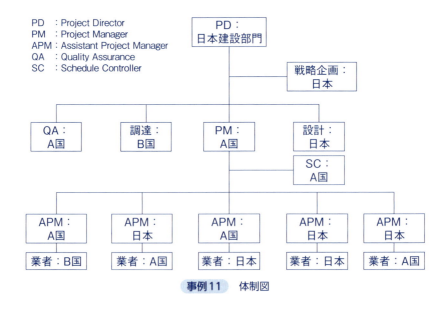

事例11　体制図

　電気通信に習熟した企業どうしの共同事業であり、プロジェクトの現場がB国ということと多国籍の陣容による組織ということはあるものの、プロジェクトの遂行は多様性を考慮した人材の配置と共通の作業要領の作成により大きなリスクもなく進められるとのPDの判断であった。

　かつ、役割分担として、海外の同種のプロジェクトでの建設経験をもつPMには現場に関する全権限を与え、PDは主に調達・設計、そして建設部門以外ではあるが戦略企画をみることとなった。

1.2 状況

前ページの図に示した体制でPDおよび各責任者の下、以下のような状況で作業は進んでいった。

▶ **準備段階**

全体組織の枠組みはPDが計画し、現場を取り仕切るPMにはその配下の体制を設定してもらった。そして役割分担、プロジェクト実行計画についての説明を含めたキックオフミーティングを開催し、PMと調達、設計、QAの責任者を中心にプロジェクトの遂行要領、そして実行スケジュールの内容を関係者に周知させて認識の統一を図り、本格的作業に入った。

▶ **設計、調達段階**

設計および調達に関する作業は、それぞれスケジュールに従い、順調に推移し、問題なく機器材料もそろった。現場での関連工事については線路、伝送回路、無線回線、交換機、建屋（交換局）、操作パネルの敷設や建設に関する業者選定も行われていった。

▶ **建設現場工事**

建設現場工事は現場が広範囲にわたっていることから、一定の単位で現場を分割し、APMに責任者として現場作業の全責任をもたせ、それぞれの現場に近い事務所に常駐させることにした。

準備は順調に推移し、そのまま工事が進めば予定どおりに順次エリアごとに設備が完成し、運用開始ということになっていた。しかし、現場作業が進むに従っていろいろと現場での問題を感じる状況がPDに聞こえてきた。

② ── プロジェクトの推移（①実践力を十分に発揮できなかったケース）

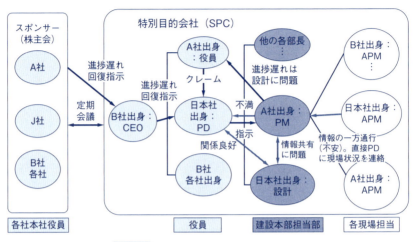

事例11 建設時における関係者間の状況

SCENE 1　現場からの要請に対するPDのPMへのアクション

　問題が発生した当初は、PDは調達、設計および戦略企画関係の業務に注力し、現場はPMに一任しすべてを任せていたので、この件はPMに口頭で伝えておいた。ところが、同じような問題が他の地区の日本人APMからも何度となくPDへ直接に伝えられるようになった。このように現場からの問題提起がPDに直接伝えられたにもかかわらず、PDは「PMに伝えるが、現場関係はPMに一任しているので、今後はPMに直接伝えるように…」と返事し、特にPDとしての具体的行動は起こさなかった。

　しばらくしてから、再び同じような問題が他の地区の日本人APMから何度となくPDに直接伝えられるようになった。

　このように何度も現場からの問題提起がPDに直接伝えられたことで、PDは何らかの手を打たねばと考え、PMを呼び、現場の問題処理に関することを聞いた。

　ところが、PMは「現場作業の遅れは設計のミスによるやり直しが多く発

生しているためであり、現場の問題ではない」と話し、設計部門との調整や現場への対応について何も手を打っていないことがわかった。

SCENE 2　PDの問題解決能力の不足とPMに対する及び腰

　そこで、PDはPMに対して「なぜ、現場からの声に対応しないのか」と直接伝え、「設計責任者とともに現場で起きている問題を具体的に抽出し、すぐに現場に対応をするように」と指示をした。ところが、PMは「自分は同種のプロジェクト経験からPMとして自信をもって現場を切り回しており、自分の経験から進めてきているのでわかっている」と言って、PDの意見に対してこれといったアクションはとらなかった。

　また、このPMは自分と同じA国の他の事業部門の役員に対して「このことは日本側の設計の責任であり、進捗遅れは我々の問題ではない」と伝えていた。さらに、PMは、現場における工事の進捗遅れは問題ない旨の説明を役員会などで行っていた。

　そのため、PDはこれ以上の追及は好ましくないと感じ、現場の問題はPMに任せることとし、設計部に対して「PMとのコミュニケーションは密に！」と伝えるだけで、特に進捗の遅れに対する対策はとらず、そのままとなった。

　その後、しばらくして、今度は日本人の設計責任者から、「設計関係の資料が各現場に送付されていなかったり、設計に対する連絡もないまま現場のAPMの判断で勝手に工事内容を変更されたりして困っている」という連絡が入った。

　また、現場APMからは「業者も決まっていないのに材料が送られてきたり、また必要と思われるものが現場には来ていない」など、設計、調達および各現場間で問題が発生し、その結果、各現場の工事がストップ状態となっているとの連絡があった。

　これを受けて、PDは、自分の責任である設計、調達に絡む問題でもあり、自ら現場に赴き現場での問題をヒアリングし、現場APMや工事業者から情報を得た。

　その調査の結果、進捗度合いが芳しくなく進捗が予定より大幅に遅れていることが判明し、大きな問題となった。

　PDは、この調査の結果を日本本社にもち込み、日本側の意見を取り入れ

た対策案を作成し、PMに対してこの対策案に従って問題の処理を行うようにと指示した。

しかし、PMやA国側の役員の反論に遭った。PMから日本側のAPMに対しては「なぜ、PMを通さず、これらの問題をPDに直接報告したのか」、また、日本側設計部隊からPMに対しては「なぜ各現場における設計上の問題を速やかに設計担当に報告をしなかったのか」など、PDとPMとの間でのプロジェクトの進め方の違いによる確執が浮き彫りになった。さらに日本対A国の確執となり、進捗の遅れの解消も進まず、このことが出資者の知るところになった。

SCENE 3 PDとPMの確執による工事の大幅な遅れとその対応に問題

その後、急遽、株主会が開催され、PDおよびPMが更迭されることになった。そして新しいPDおよびPMが赴任してきたが、問題が大きくなりすぎていて、その修正に時間がかかり、結局は大きな進捗の遅れと大幅な予算の超過となり、PFI事業としての採算に大きな影響を与えることになった。

③ プロジェクトの推移(②卓越した実践力を発揮できたケース)

SCENE 1 PDの問題処理に対する積極的行動で真の原因を追究

問題が発生した当初は、PDは調達、設計および戦略企画関係の業務に注力し、現場のことに関してはPMにすべてを任せていたので、この件はPMに口頭で伝えておいた。

ところが、同じような問題が他の地区の日本人APMからも何度となくPDに直接伝えられるようになった。PDはこれらの問題を放置することは大きな問題に発展すると思い、自ら設計責任者とともに関係する現地に赴き現場の各APMに具体的問題点を聞き、そして実際の現場作業の進捗状況をヒアリングした。その結果、以下のようなことがわかった。

　▶一つの現場で起きた設計上の問題について、他の現場に伝わっておらず、同じような問題が次々に生じ、工事ができず、作業のできない状況が発

生していた。
▶ 調達された機材が現場工事の進捗に合わせて送られていないため、多くの現場で工事が機材到着待ちの状態となっていた。
▶ 現地日本人APMにこれらの問題の発生している理由を聞いたところ、PMは現場の意見をあまり重要視せず、具体的な対処をしてくれていないようであった。
▶ 本部に報告されている進捗状況と、実際の工事進捗に大きな差異が見つかった。

このような現場や進捗の状況を知ったPDは、PMに対して現場にて見聞きしたことを説明し、「現場の問題を早急に処理するように」と伝えた。

SCENE 2　PDの状況分析とその結果の論理的説得による問題解決

ところが、PMは「自分は同種でのプロジェクト経験からPMとして自信をもって現場を切り回しており、これまでの経験から判断し、すぐに問題を解決できるので問題ない。PDの話は大げさすぎる」と言って、なかなか具体的なアクションをとる様子が見受けられなかった。

また、PMは自分と同じA国の他の事業部門の役員に対して「このことは日本側の設計の責任であり、進捗遅れは問題なく処理できる」と伝えていた。さらにPMは、現場における工事の進捗遅れは問題ない旨の説明を役員会などで行っていた。

そこでPDは、このままでは現場の混乱がさらに大きくなると判断し、自ら設計担当者および調達担当者などからヒアリングを行い、現場での調査を含め整理・分析した。

そして、体制や実施スケジュール表、および設計図書と資材供給、現場の関係などについてさらに関係責任者とも協議を行い、その問題点と対策についての報告書を作成した。

さらに、PDは、多国籍からなる組織では必然的に自国の人の意見を優先する傾向があること、特に欧米系の人は論理的説明をしないと納得しない傾向があることを知っていたので、A国側のステークホルダーに論理的説明を試みることとした。

まず、役員会では特にPMの所属するA国側の役員に、さらに投資家にも

個別に接触し、丁寧な報告書の説明を行うことで納得してもらい、関係者の了承を得てから、当初の現場関係の遂行計画の変更を行った。そして、この結果をPMに説明し、この計画で進めるように指示した。PMはA国側の役員も投資家も了承していることもあり、この計画で現場管理を行うことについてPDの説明に納得した。

SCENE 3　進捗の見える化と全員参加型のプロジェクト運営が奏功

現場に限らずチーム全員にも工事の進捗がわかるような手段（進捗の見える化）を採用し、全員参加型のチーム運営を考え実行に移し、同時にPD自ら進捗報告を受け、計画と実際の差異の確認をすることにした。

このことを設計、調達、さらにはPMや各チームにも説明し、関係する各部門に対して協調性をもった作業の進め方をするようお願いした。その結果、大きな齟齬もなくプロジェクトは順調に推移し、予定の工期と予算で完成することができた。そして、PFI事業としての採算性にも問題もなく事業として実行に移されることになった。

4　発揮された実践力

SCENE 1　PDの進捗遅れの対応について

ケース①の場合　当初の計画と乖離した現象が起きたのにもかかわらず、現場からの問題提起に対し、PDはその問題をPMに預けてしまい、積極的にPD自らの問題として行動しなかったことが原因と考えられる。

また、遅きに失しながらも行動を起こしたが、自らの対策ではなく日本本社からの対策としてそのままPMに伝えてしまったので納得されないのが当然であり「自分のほうがPDより経験がある」の言葉で終わってしまう。PDの経験や知識不足もさることながら、PDは現場を任せたPMを全面的に信頼して業務を任せ、問題が発生しても相変わらず自ら行動しないで、問題が大きくなってからも本社に対策を依頼するといった姿勢で積極性と率先垂範の気概に欠け、他人任せのマネジメントを行っている。その結果として、PMも含めチーム全員にやる気というより不信感を与えることになった。

　ケース②の場合　PDは現場の日本人APMの度重なる問題提起とそれに対するPMの対応に疑問をもち、問題となっていると指摘された設計部門の責任者を連れて各現場でヒアリングを開始した。

　ケース①と違い、PD自ら現場の問題を総合的に認知し、自ら行動を起こし、現場に赴きヒアリングを行い、情報の収集を行っている。そして、現場で問題となっている事象を各分野から分析し、その対策案を作成し、積極的な行動と率先垂範の気概をもって問題の解決を図った。

SCENE 2　多国籍プロジェクトにおける多様性への対応について

　ケース①の場合　PD自らが設計、調達そして現場に赴き現場の問題をヒアリングし、その結果、進捗度合いが芳しくなく進捗が予定より大幅に遅れていることがわかった。そこで、このことを日本本社にもち込み、日本側の意見を取り入れた対策案を作成し、PMにその問題処理を指示した。

　しかし、一方的な対策のようにPMに伝えても納得されないのも当然であり「自分のほうがPDより経験がある」の言葉で終わってしまう。またこれまでのPMのPDに対する不信感も加わり、上記のような言葉となり、反発されるようになった。

　そのうえ、PMも自分を守るために、A国側のAPMや役員とスクラムを組むようになり、それがエスカレートしてA国側と日本側の確執となった。

　ケース②の場合　PDは自ら調査を開始し、情報収集を行い、その対策案を自ら作成した。さらに、PMに対してだけではなく他のステークホルダーに対しても納得のいく対策案を示した。

　この対策案には欧米人の説得に有効である分析手法を使用し、非常に論理

的にまとめたものであったため、役員会での説明も説得力のあるものであった。
　PMに対しては役員会での説明に加え、さらに詳細な内容の説明を行った。
　このように対策案をPMに完全に納得させる方法として、その周りのステークホルダーをまず説得してからPMを説得するといった方法をとった。つまり、外堀を埋めてから対象となるPMを説得するという方法、すなわちコンフリクトの発生を極力少なくするような関係調整力の働きで問題の解決を図っている。

SCENE 3　進捗の見える化と積極的な進捗モニタリングへの参加

ケース①の場合　PDとPMの確執が出資国出身役員の確執となり、それがプロジェクト進捗に影響を及ぼし、結局、問題対応が遅れ、新しいPDおよびPMのマネジメントによる進捗回復策を図ったが、プロジェクトもかなり進んだ後でもあり、その回復には多くの時間を要することになった。

ケース②の場合　PMのPDへの不支持と自国役員を巻き込む外乱が進捗遅れの真の要因であることを見抜き、PDが論理的対策案を素早く実行したことにより外乱を取り除き、進捗の回復を図ることができた。

　プロジェクト実行上での進捗回復の最大の理由として以下が挙げられる。
- ▶ PDが、全員が進捗の確認をできる進捗の見える化の手段をとったこと。
- ▶ それと同時に自らも積極的に進捗のモニタリングに参加するといった全員参加型の対策をとったこと。

成功のための処方箋

1. PD自らが積極的な問題解決に向け率先垂範の行動をとった。
2. PDの現場の状況把握、そして関係するさまざまな問題の理論的分析とその対策案をステークホルダーに示し、納得させ、コンフリクトの解消を行った（多様性を考慮したコンフリクトマネジメントと関係調整力）。
3. 進捗の見える化により全員参加のプロジェクト運営（モニタリングコントロール）とモチベーションの喚起（チームの活性化）を行った。

参考文献

● 「リーディング」の参考文献

[1] ジョン・P・コッター著、黒田由貴子監訳：リーダーシップ論―いま何をすべきか、ダイヤモンド社（1999）

[2] ジェームズ・M・クーゼス、バリー・Z・ポズナー共著、金井壽宏監訳、伊東奈美子訳：リーダーシップ・チャレンジ、海と月社（2010）

[3] ジョン・P・コッター著、梅津祐良訳：企業変革力、日経BP社（2002）

[4] ウォレン・ベニス、バート・ナナス共著、伊東奈美子訳：本物のリーダーとは何か、海と月社（2011）

[5] PMI編著、PMI日本支部監訳：プロジェクトマネジメント知識体系ガイド（PMBOK®ガイド）第5版（2012〔日本語版は2013〕）

[6] Project Management Institute, Inc著、PMI日本支部監訳：プロジェクト・マネジャー・コンピテンシー開発体系 第2版、新技術開発センター（2009）

[7] プロジェクトマネジメント協会（PMI）編、PMI東京支部監訳：プロジェクトマネジメント プリンシプル、アイテック（2006）

[8] 山口裕幸著：チームワークの心理学、サイエンス社（2008）

[9] ジョン・R・カッツェンバック、ダグラス・K・スミス共著：チームとグループは異なる、DIAMOND Harvard Business Review、2004年12月号

[10] 松下幸之助著：指導者の条件、PHP研究所（2006）

[11] 西川善文著：ザ・ラストバンカー―西川善文回顧録、講談社（2011）

[12] Paul R. Lawrence and Nitin Nohria、Driven: How Human Nature Shapes Our Choices、San Fransisco、Jossey Bass（2002）

[13] ニティン・ノーリァ、ボリス・グロイスバーグ、リンダ＝エリン・リー共著、スコフィールド素子訳：新しい動機づけ理論、DIAMOND Harvard Business Review、pp. 37-45、2008年10月号

[14] ジョン・P・コッター著、編集部訳：リーダーシップとマネジメントの違い、DIAMOND Harvard Business Review、pp. 50-64、2011年9月号

● 「エフェクティブネス」の参考文献
[1] 嶋田 毅、MBA経営辞書「コンフリクト」、グロービス電子出版、2011年1月
　　http://globis.jp/article/1803
[2] ピープルフォーカスコンサルティング、組織開発ハンドブック、東洋経済新報社（2005）
[3] Lilac、成功するリーダーに必要な「正しい判断力」とは？、My Life After MIT Sloan（2010.5.13）
　　http://blog.goo.ne.jp/mit_sloan/e/b52387d7826f9973fcd2e0e95ca369e5

● 「認知力」の参考文献
[1] Project Management Institute, Inc著、PMI日本支部監訳：プロジェクト・マネジャー・コンピテンシー開発体系 第2版、新技術開発センター（2009）
[2] 日本プロジェクトマネジメント協会編著、P2Mプログラム＆プロジェクトマネジメント標準ガイドブック（改訂3版）、日本能率協会マネジメントセンター（2014）
[3] 独立行政法人情報処理推進機構ソフトウェア・エンジニアリング・センター監修・著、ITプロジェクトの「見える化」（総集編）、日経BP社（2008）
[4] 林 浩一：ITエンジニアのロジカル・シンキング・テクニック、日経BP社（2011）
[5] 大前研一：大前研一 洞察力の原点、日経BP社（2011）
[6] 拝原正人：プロマネ失敗学、日経BP社（2009）
[7] 安宅和人：イシューからはじめよ、英治出版（2010）
[8] 小倉仁志：なぜなぜ分析10則−真の論理力を鍛える、日科技連出版社（2009）

● 「自己規律」の参考文献

[1] PMI倫理・職務規定、PMI日本支部
https://www.pmi-japan.org/branch_office/pmi_guide.php

[2] Project Management Institute, Inc著、PMI日本支部監訳：プロジェクト・マネジャー・コンピテンシー開発体系 第2版、新技術開発センター（2009）

[3] 技術士倫理綱領、公益社団法人 日本技術士会
https://www.engineer.or.jp/c_topics/000/000025.html

[4] 日本機械学会倫理規定、一般社団法人 日本機械学会
http://www.jsme.or.jp/about/ethical-consideration

[5] 弁護士職務基本規程、日本弁護士連合会
http://www.nichibenren.or.jp/library/ja/jfba_info/rules/data/rinzisoukai_syokumu.pdf

[6] 国際コーチ連盟によるプロコーチの倫理規定、非営利型一般社団法人 国際コーチ連盟日本支部
http://www.icfjapan.com/icf-japan/sample-page-2

[7] 福田敦之、いま求められる「ダイバーシティ・マネジメント」、日本の人事部―人事マネジメント「解体新書」（2007.4.9）
https://jinjibu.jp/article/detl/manage/178/4

[8] パク・スックチャ、企業パフォーマンスを上げるためのダイバーシティ・マネジメント、東洋経済、2011年1月7日号

索引

あ行
アート ……………………………………… 5
エフェクティブネス ……………… 13, 50, 96

か行
学習転移モデル ………………………… 20
獲得への欲動 …………………………… 41
課題解決力 …………………………… 16, 65
関係調整 ………………………………… 54
関係調整力 …………………………… 15, 54
絆への欲動 ……………………………… 41
キックオフミーティング ………… 121, 166
計画性 ………………………………… 15, 45
経験 ……………………………………… 10
経験学習モデル ……………………… 18, 20
答え ……………………………………… 57
コミュニケーション ………………… 14, 22
コミュニケーションクライメート …… 23
コミュニケーティング ……………… 13, 22
コンテキスト …………………………… 26
コンフリクトの解消 …………………… 53
コンフリクトのパターン ……………… 52
コンフリクトマネジメント ………… 15, 50

さ行
サイエンス ………………………………… 5
自己規律 ……………………………… 13, 67
実践コミュニティモデル ……………… 20
実践力 …………………………………… 10

師弟モデル ……………………………… 20
状況分析 ………………………………… 57
情報収集 ……………………………… 16, 61
スキル …………………………………… 10
誠実性 ………………………………… 16, 70
責任感 ………………………………… 16, 67
全体的（戦略的）視点 ……………… 15, 59
率先垂範 ……………………………… 15, 38

た行
ダイバーシティ・マネジメント ……… 72
タイミング ……………………………… 57
正しい判断 ……………………………… 57
多様性の尊重 ………………………… 16, 72
チーム活性力 ………………………… 15, 36
知識 ……………………………………… 10
ドア・イン・ザ・フェイス …………… 30
動機づけ …………………………… 15, 40, 86
トレーサビリティマトリックス ……… 86

な行
人間関係調整 …………………………… 54
認知力 ……………………………… 13, 59, 95
ネゴシエーション …………………… 14, 28
ネゴシエーション・テクニック ……… 30
根回し …………………………………… 28

は行

- 判断力 ·· 15, 56
- 判断力の意味 ··· 57
- ビジネスコミュニケーション ············· 23
- ビジョニング ································· 14, 32
- ビジョン ·· 32
- 否定的関係者 ··· 55
- 批判的学習モデル ································· 20
- 評価メトリクス ···································· 176
- 夫婦関係調整 ··· 54
- フット・イン・ザ・ドア ····················· 30
- プロジェクトマネジャー ······················· 11
- プロフェッショナル・コミュニティ ······ iii
- 防御への欲動 ··· 41

ま行

- マイグレーション ······························· 111
- マネージング ································· 13, 44
- モニタリングとコントロール ······· 15, 47
- 問題発見力 ····································· 16, 63

や行

- 友好的関係者 ··· 55
- 要求仕様書 ··· 80
- 要件定義書 ··· 81
- 欲動 ·· 41
- 欲動の分類法 ··· 41

ら行

- リーダーシップ ······························· 95, 97
- リーディング ································· 13, 32
- 利害関係者 ··· 55
- 理解への欲動 ··· 41
- リスク察知力 ··· 97
- 倫理観 ·· 16, 70
- 労働関係調整 ··· 54

英字

- ITスキル標準 ··· iii
- iコンピテンシディクショナリ ············ 10
- PM実践力 ·· 3
- Win-Winの関係 ····································· 28

193

Note

Note

Note

【執筆者】

北野　利光	日本ソフト技研株式会社
向後　忠明	日本プロジェクトマネジメント協会（PMAJ）理事
	PMAJ認定 PMマイスター
竹久　友二	PMインテリジェンス 代表
	PMAJ認定 PMマイスター
濱　　久人	株式会社NTTデータユニバーシティ
	慶應義塾大学 大学院／産業技術大学院大学 非常勤講師
	独立行政法人 情報処理推進機構 情報処理技術者試験
	試験委員
	（五十音順）

- 本書の内容に関する質問は，オーム社書籍編集局「(書名を明記)」係宛，書状またはFAX(03-3293-2824)，E-mail(shoseki@ohmsha.co.jp)にてお願いします。お受けできる質問は本書で紹介した内容に限らせていただきます。なお，電話での質問にはお答えできませんので，あらかじめご了承ください．
- 万一，落丁・乱丁の場合は，送料当社負担でお取替えいたします．当社販売課宛にお送りください．
- 本書の一部の複写複製を希望される場合は，本書扉裏を参照してください．

[JCOPY] <(社)出版者著作権管理機構 委託出版物>

プロジェクトを成功させる
実践力が身につく本

平成 29 年 2 月 24 日　第 1 版第 1 刷発行

著　者　北野利光　　向後忠明
　　　　竹久友二　　濱　久人
発行者　村上和夫
発行所　株式会社オーム社
　　　　郵便番号　101-8460
　　　　東京都千代田区神田錦町 3-1
　　　　電話 03(3233)0641(代表)
　　　　URL　http://www.ohmsha.co.jp/

© 北野利光・向後忠明・竹久友二・濱　久人 2017

印刷　美研プリンティング　　製本　協栄製本
ISBN978-4-274-22030-2　Printed in Japan

関連書籍のご案内

戦略的PMO
新しいプロジェクトマネジメント経営

PMI日本支部 編
- B5判・264ページ・並製
- 定価(本体3300円【税別】)

PMOを構築・導入・運用するためのバイブル的な一冊!

プログラムマネジメント・オフィスとは、複数のプロジェクトのマネジメントを一元化し、効率的な管理・調整を行う組織の一部門である。

本書は、わが国においてプロジェクトマネジメントの普及・教育に中心的な役割を果たしているPMI(Project Management Institute)日本支部によって、PMOの構築・導入・運用に関する実務ノウハウを詳しく解説している。

主要目次

第1部 戦略的PMO:概要編
- 第1章 序章
- 第2章 PMOとは
- 第3章 戦略的PMO

第2部 戦略的PMO:詳細編
- 第4章 PMOの機能体系
- 第5章 PMOの成熟度モデル
- 第6章 PMOの導入と運用
- 第7章 PMOの投資効果

第3部 戦略的PMO:資料編
- 第8章 PMOの実態調査
- 付 録:PMOテンプレート集について

もっと詳しい情報をお届けできます。
- 書店に商品がない場合または直接ご注文の場合も右記宛にご連絡ください。

ホームページ http://www.ohmsha.co.jp/
TEL/FAX TEL.03-3233-0643 FAX.03-3233-3440

(定価は変更される場合があります)

F-0909-113